제4판

사용자중심의 SMART 관리회계

수정판 해답집

서강관리회계연구회

Managerial Accounting

유원북스

차 례

제 2 장

원가 분류 및 추정

객관식

[2-1] ③

소멸원가 중 수익창출에 기여한 부분은 비용이며, 수익창출에 기여하지 못한 부분은 손실이다.

[2-2] ①

관련범위 내에서 단위당 변동원가는 생산량에 따라 영향을 받지 않으며, 일정하다.

[2-3] ④

준고정원가는 특정조업도 범위 내에서는 일정한 금액이 발생하지만, 조업도가 동 범위를 벗어나면 일정액만큼 증가 또는 감소하는 원가를 말한다.

[2-4] ②

수도요금은 100,000갤런까지는 고정원가이고 그 이후 10,000갤런 추가시에는 기울기 ₩3의 변동원가이고 그 이후 10,000갤런 추가시에는 기울기 ₩6의 변동원가이다. 따라서 다음과 같다.

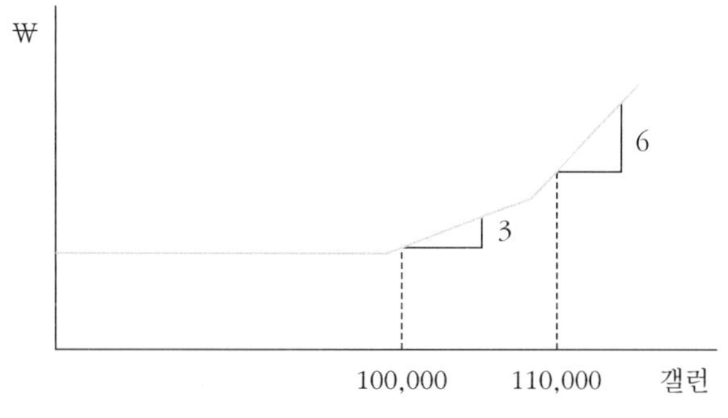

[2-5] ②

고저점법에서 고점과 저점은 독립변수인 조업도를 기준으로 판단하며, 조업도기준의 고점과 저점에 따른 원가수치의 차이는 조업도변화에 따른 총변동원가의 변화를 의미한다.

[2-6] ④

이미 발생하여 의사결정에 영향을 주지 않는 ₩4,000,000이 매몰원가이다.

[2-7] ②

기회원가는 차선의 대안으로부터 얻을 수 있는 최대의 경제적 효익이다. 이 문제에서 총제조원가 ₩1,000,000 의사결정과 무관한 매몰원가이다. 따라서 의사결정은 재작업을 하는 것이고, 이에 대한 기회원가는 그냥 판매하는 금액인 ₩500,000이 된다.

[2-8] ②

₩105,000,000 (고저점법을 이용하여 단위당 변동원가와 고정원가를 산출)

(1) 단위당 변동원가: (₩70,000,000 − ₩50,000,000) / (200개 − 100개)
= ₩200,000

(2) 고정원가: 100개 × ₩200,000 + 고정원가 = ₩50,000,000
= ₩30,000,000

(3) 3월의 총제조원가 산정
₩150,000(= ₩200,000 × 75%) × 400개 + ₩45,000,000(= ₩30,000,000 × 1.5)
= ₩105,000,000

[2-9] ①

- 제조간접원가 총액:
  낮은 경우 ₩575,000 − 25,000 × (₩5 + ₩6) = ₩300,000
  높은 경우 ₩680,000 − 30,000 × (₩5 + ₩6) = ₩350,000
- 고저점법에서 b = (₩350,000 − ₩300,000) ÷ (30,000 − 25,000) = ₩10
  고점에 대입하면 a = ₩350,000 − ₩10 × 30,000 = ₩50,000

[2-10] ①

(1) 누적총노무시간

누적 생산량	누적 평균시간	누적 총노무시간
1대	100시간	1대 × 100시간 = 100시간
2대	100시간 × 0.9 = 90시간	2대 × 90시간 = 180시간
4대	90시간 × 0.9 = 81시간	4대 × 81시간 = 324시간
8대	81시간 × 0.9 = 72.9시간	8대 × 72.9시간 = 583.2시간

(2) 추가적으로 소요되는 노무시간: 583.2시간 − 324시간 = 259.2시간

(3) 추가적으로 소요되는 원가: ① + ② + ③ = ₩78,880

① 직접재료원가: 4대×₩10,000=₩40,000
② 직접노무원가: 259.2시간×₩100=₩25,920
③ 변동제조간접원가: 259.2시간×₩50=₩12,960

주관식

[2-1]

원가는 의사결정 목적에 따라 상이하게 분류된다. 자산화 여부에 따라 제품원가와 기간비용으로 분류되며, 원가행태에 따라 변동원가·고정원가 등으로 분류된다. 그리고 제조원가 중에서 직접재료원가와 직접노무원가를 기본원가, 직접노무원가와 제조간접원가를 가공원가라 한다.

1) 제품원가, 변동원가
2) 기본원가
3) 가공원가
4) 제품원가, 기간비용, 고정원가
5) 제품원가
6) 기간비용

[2-2]

원가행태에 따라서 원가를 변동원가와 고정원가로 분류한다. 변동원가는 조업도의 변동에 따라 총원가가 변동하며 고정원가는 관련범위 내에서 총원가가 일정하다.

1) V　2) F　3) F　4) V　5) F
6) V　7) V　8) F　9) V　10) F

[2-3]

X축은 조업도 수준을, Y축은 총원가를 의미하므로 조업도 수준에 따른 총원가의 변동을 파악한다. 특히 B는 고정원가, D는 준고정원가, E는 변동원가, G는 준변동원가의 그래프이다.

1. ① G　② D　③ G　④ B　⑤ E　⑥ E　⑦ G
⑧ H　⑨ E　⑩ I　⑪ F　⑫ D　⑬ C
2. 원가행태에 관한 지식은 경영자가 경영계획을 수립하는 데 유용할 뿐만 아니라 각종 내부 의사결정에도 유용한 정보를 제공해 준다. 의사결정에 앞서 원가행태에 관해 충분히 이해하지 못하면 잘못된 의사결정을 내릴 수도 있기 때문에 경영자는 원가행태에 관한 충분한 지식을 갖고 있어야 한다. 즉, 어떤 기업이 특별주문을 받았을 경우 특별주문과 관련한 관련원가에 관한 정확한 이해를 하고 있어야 최적의 의사결정을 할 수 있을 것이다.

[2-4]

1. 소멸원가와 미소멸원가의 분류

	소멸원가 혹은 미소멸원가
– 서비스부문(회계법인)	
① 컴퓨터 구매원가 :	미소멸원가
② 월별 사무실 임차료 :	소멸원가
③ 비서에 대한 임금 :	소멸원가
– 상점(가구판매점)	
④ 판매원에 대한 성과급 :	소멸원가
⑤ 상품구매원가 :	미소멸원가
⑥ 판매점에 대한 전력비 :	소멸원가
– 제조기업(철강회사)	
⑦ 새로운 용광로의 원가 :	미소멸원가
⑧ 공장 노동자의 임금 :	미소멸원가
⑨ 원재료의 원가 :	미소멸원가
⑩ 판매원을 위한 차량 구입원가 :	미소멸원가

2. 재공가능원가와 재고불가능원가의 분류

– 재고가능원가는 재판매를 위한 제품의 구매와 관련된 원가 혹은 판매를 위한 제품생산에 투입되는 것의 원가를 말한다.

– 재고불가능원가는 재고보다는 다른 사업과 관련된 자본화비용을 말한다.

	재고가능 혹은 재고불가능
– 서비스부문(회계법인)	
① 컴퓨터 구매원가 :	재고불가능
– 상점(가구판매점)	
⑤ 상품구매원가 :	재고가능
– 제조기업(철강회사)	
⑦ 새로운 용광로의 원가 :	재고불가능
⑧ 공장 노동자의 임금 :	재고가능
⑨ 원재료의 원가 :	재고가능
⑩ 판매원을 위한 차량 구입원가 :	재고불가능

[2-5]

제품원가는 제품의 생산과 관련하여 발생된 원가로 자산화된다. 반면 기간비용은 생산과 관련이 없으며 발생한 기간에 비용으로 처리되는 원가를 의미한다.

1) 기간 2) 제품 3) 제품 4) 기간 5) 제품
6) 제품 7) 기간 8) 제품 9) 제품 10) 기간
11) 기간 12) 기간

※ 7)의 경우 생산이 완료된 후 수출을 목적으로 별도로 포장이 이루어지는 경우로 여기서 발생하는 포장비는 판매비로 분류하는 것이 타당하다. 다만 모든 제품이 포장된 생태로 판매되고 포장이 생산라인의 일부인 경우에는 포장비를 제품원가로 분류하는 것이 타당하다.

[2-6]

제조원가명세서	
Ⅰ. 직접재료원가	₩165,000
Ⅱ. 직접노무원가	70,000
Ⅲ. 제조간접원가	63,000*
Ⅳ. 당기총제조원가	298,000
Ⅴ. 기초재공품재고액	−
Ⅵ. 합계	₩298,000
Ⅶ. 기말재공품재고액	−
Ⅷ. 당기제품제조원가	₩298,000

매출원가명세서	
기초제품재고액	−
당기제품제조원가	₩298,000
판매가능한 제품원가	₩298,000
기말제품재고액	(26,820)
매출원가	₩271,180

* 제조간접원가

1) 변동제조간접원가		
① 동력비	₩5,000	
② 간접노무원가	10,000	
③ 기타제조간접원가	8,000	₩23,000
2) 고정제조간접원가		
① 간접노무원가	₩20,000	
② 기타제조간접원가	20,000	40,000
		₩63,000

1. 소비된 재료 = 생산수량 × 1단위당 사용량
 = 100,000 × 3kg

$= 300{,}000\text{kg}$

$\therefore$ kg당 원가 $= \dfrac{₩165{,}000}{300{,}000\text{kg}} = ₩0.55$

$\therefore$ 기말직접재료재고액 $= 2{,}000\text{kg} \times ₩0.55$

$= ₩1{,}100$

2. 20×5년 제품단위당(평균)원가 $= \dfrac{₩298{,}000}{100{,}000\text{단위}}$

$= ₩2.98$

따라서 기말제품 수량 $= ₩26{,}820 \div ₩2.98$

$= 9{,}000$단위

3. 판매가격을 x라 하면

매출액 = 판매수량 × 판매가격

$₩318{,}500 = (100{,}000\text{단위} - 9{,}000\text{단위}) \times x$

$\therefore\ x = ₩3.5$

[2-7]

1. 기회원가 : 어떤 대안을 선택할 경우 포기된 대안 중에서 가장 우수한 대안을 통해서 얻을 수 있는 순현금유입액이다.
   주어진 문제에서 대안 1을 제외한 대안 중에서 가장 우수한 대안은 현금유입액이 ₩1,300,000인 대안 3이다. 따라서 이 경우 기회원가는 ₩1,300,000이다.

2. 매몰원가 : 이미 발생한 원가로 미래 의사결정에 영향을 미치지 못하는 원가이다.
   주어진 문제서 매몰원가는 기계장치의 취득원가인 ₩1,200,000이다. 즉, 취득원가 ₩1,200,000은 대안을 선택하는 과정에 어떤 영향을 미치지 못한다.

[2-8]

1, 2.

	금 액	원가행태에 따른 분류	계정분석법	
			고정원가	변동원가
직접재료원가	₩15,000,000	변동원가	–	₩15,000,000
직접노무원가	12,000,000	변동원가	–	12,000,000
공장설비의 감가상각비	2,000,000	고정원가	₩2,000,000	–
보 험 료	1,200,000	고정원가	1,200,000	–
수도광열비	3,000,000	준변동원가	2,100,000	900,000
합 계	₩33,200,000		₩5,300,000	₩27,900,000

3. 단위당 변동원가 $= \dfrac{₩27,900,000}{15,000\text{단위}} = ₩1,860/\text{단위당}$

총원가 = ₩5,300,000 + ₩1,860 × 생산량

[2-9]

1. 10월의 수선유지비 $= ₩63,100 - \text{진력요금}\left(\dfrac{₩10,500}{5,000\text{시간}} \times 9,000\text{시간}\right) - \text{감독자급료}(₩24,000)$

$= ₩20,200$

2. 고저점법에 의한 수선유지비 원가함수 추정

최고점의 원가자료 (9,000시간, ₩20,200)

최저점의 원가자료 (5,000시간, ₩16,120)

단위당 변동원가 $= \dfrac{₩20,200 - ₩16,120}{9,000\text{시간} - 5,000\text{시간}} = \dfrac{₩4,080}{4,000\text{시간}} = ₩1.02/\text{시간}$

고정원가 요소 = ₩20,200 − ₩1.02 × 9,000시간

= ₩11,020

원가함수 : $y = ₩11,020 + ₩1.02 \times x$

[2-10]

1. 고저점법에 의한 추정식

$y = a + bx$에서

$b = \dfrac{₩403,000 - ₩270,000}{5,400\text{시간} - 3,500\text{시간}} = ₩70$

a = ₩403,000 − ₩70 × 5,400시간 = ₩25,000

$\therefore$ y = ₩25,000 + ₩70x

2. 준평균법

낮은 조업도 그룹				높은 조업도 그룹		
1월	3,500시간	₩270,000		4월	4,600시간	₩397,100
2월	4,200	354,000		5월	5,300	405,000
3월	3,700	312,000		6월	5,400	403,000
평균	3,800시간	₩312,000		평균	5,100시간	₩401,700

$y = a + bx$에서

$b = \dfrac{₩401,700 - ₩312,000}{5,100\text{시간} - 3,800\text{시간}} = \dfrac{₩89,700}{1,300\text{시간}} = ₩69/\text{시간}$

a = ₩401,700 − ₩69 × 5,100시간 = ₩49,800

$\therefore$ y = ₩49,800 + ₩69 × x

3. 고저점법에 의한 원가추정

   y = ₩25,000 + ₩70 × 5,900시간 = ₩438,000

   준평균법에 의한 원가추정식에 대입할 경우,

   y = ₩49,800 + ₩69 × 5,900시간 = ₩456,900

4. 제조간접원가 예정배부율

   20×5년의 제조간접원가예산 = ₩25,000 × 12개월 + ₩70 × 20,000시간

   = ₩1,700,000

   $$\text{제조간접원가 예정배부율} = \frac{\text{연간 제조간접원가 예산}}{\text{연간 예상조업도}} = \frac{₩1,700,000}{20,000\text{시간}} = ₩85/\text{시간}$$

   혹은 제조간접원가 배부율 = 변동제조간접원가 배부율 + 고정제조간접원가 배부율

   $$= ₩70 + \frac{₩25,000 \times 12\text{개월}}{20,000\text{시간}} = ₩85/\text{시간}$$

[2–11]

1. 원가함수

   $$b = \frac{₩191,640,000 - ₩182,400,000}{2,200\text{일} - 2,000\text{일}} = ₩46,200/\text{일}$$

   a = ₩191,640,000 − ₩46,200 × 2,200일 = ₩90,000,000

   y = ₩90,000,000 + ₩46,200 × x

2. 7월의 달성 가능한 이익

   7월의 총원가 = ₩40,000,000 + ₩40,000 × 2,200일 + ₩10,000 × 8,500명

   = ₩213,000,000

   7월의 총수익 = ₩100,000 × 2,200일 = ₩220,000,000

   7월의 이익 = ₩220,000,000 − ₩213,000,000 = ₩7,000,000

[2–12]

20×5년의 자료를 수정하여 항목별로 20×6년 추정치를 만든다.

간접노무원가 : X = 20×5년 상반기 발생액이면

X × (1 + (1 + 10%)) = ₩33,600 따라서 X = ₩16,000

20×6년은 ₩16,000 × 2 × (1 + 10%) = ₩35,200

고정원가 ₩35,200 × 25% = ₩8,800

변동원가 ₩35,200 − 8,800 = ₩26,400

전력비 : ₩40,000 × (1 + 25%) = ₩50,000

고정원가 ₩50,000 × 25% = ₩12,500

변동원가 (₩50,000 − 12,500) × (1 − 10%) = ₩33,750

계정분석법으로 풀면

	고정원가	변동원가
감가상각비	₩128,000	
간접노무원가	8,800	₩26,400
전력비	12,500	33,750
	₩149,300	₩60,150
		÷50,000
		₩1.203

Y = ₩149,300 + ₩1.203X(X : 생산량)

[2-13]

누적생산량	누적평균작업시간	누적평균총작업시간	누적총직접노무원가
200	3,000	3,000	₩ 60,000
400	2,700	5,400	108,000
800	2,430	9,720	194,400

추가 600단위에 대한 직접노무원가는 ₩194,400 − ₩60,000 = ₩134,400

변동제조간접원가 ÷ 직접노무원가 = ₩7,500 ÷ ₩60,000 = 12.5%

추가 600단위에 대한 총원가 예상액은

직접재료원가	₩5,000 × 3 =	₩ 15,000
직접노무원가		134,400
변동제조간접원가	₩134,400 × 12.5% =	16,800
기타	₩134,400 × 20% =	26,880
		₩193,080

[2-14]

이익차이는 오로지 직접노무원가와 변동제조간접원가의 차이가 된다.

3월은 1－4단위의 원가가 적용되며, 4월은 5－8단위의 원가가 적용된다.

(직접노무원가)

누적생산량	누적평균원가	누적총원가
1	₩2,000	₩2,000
2	1,800	
4	1,620	6,480
8	1,458	11,664

3월의 직접노무원가 = ₩6,480, 4월의 직접노무원가 = ₩11,664 − 6,480 = ₩5,184
변동제조간접원가율 = ₩1,500 ÷ 2,000 = 75%
따라서 이익차이 = (₩6,480 − 5,184) × (1 + 75%) = ₩2,268
즉, ₩2,268만큼 4월의 이익이 더 크다.

[2-15]

1. 80%의 누적평균시간 학습곡선이 적용될 경우

누적생산량(x)	단위당 누적평균시간(y)	총누적시간(xy)	
1	2,000시간	2,000시간	6,192시간소요
2	2,000 × 80% = 1,600	3,200	
4	1,600 × 80% = 1,280	5,120	
8	1,280 × 80% = 1,024	8,192	

[경비행기 7대에 대한 예상원가]

직접재료원가	7대 × ₩300,000 =	₩2,100,000
직접노무원가	6,192시간 × ₩100 =	619,200
변동제조간접원가	₩619,200 × 60%	371,520
기타제조간접원가		−
합 계		₩3,090,720

* 변동제조간접원가는 직접노무원가의 60%이다.

2. 80%의 증분단위시간 학습곡선이 적용될 경우

누적생산량(x)	증분단위시간(m)*	총누적시간(Σm)	
1	2,000시간	2,000시간	8,694시간소요
2	2,000시간 × 80% = 1,600	3,600	
3	1,404	5,004	
4	1,600 × 80% = 1,280	6,284	
5	1,192	7,476	
6	1,124	8,600	
7	1,070	9,670	
8	1,320 × 80% = 1,024	10,694	

* $m = 2,000 \times x^{-0.3219}$

[경비행기 7대에 대한 예상원가]

직접재료원가	7대 × ₩300,000 =	₩2,100,000
직접노무원가	8,694시간 × ₩100 =	869,400

변동제조간접원가	₩869,400×60%=	521,640
기타제조간접원가		–
합 계		₩3,491,040

3. 학습곡선이 적용되지 않을 경우

선형의 원가함수로 추정되므로 경비행기 7대에 대한 예상원가

직접재료원가	7대×₩300,000=	₩2,100,000
직접노무원가	7대×₩200,000=	1,400,000
변동제조간접원가	₩1,400,000×60%	840,000
기타제조간접원가		–
총예상원가		₩4,340,000

객관식

[3-1] ②

① 일정범위 내에서 판매가격은 동일한 것을 가정한다.

② 모든 원가는 변동원가와 고정원가로 나누어질 수 있다고 가정한다.

③ 수익과 원가행태는 관련범위 내에서 선형을 가정한다.

④ 원가요소 능률, 생산성은 일정범위 내에서 동일한 것을 가정한다.

⑤ 기본적으로 생산량과 판매량은 같은 것으로 가정한다.

[3-2] ③

① 손익분기점 매출액$=\dfrac{₩60,000}{(1-0.6)}=₩150,000$

② 안전한계율$=\dfrac{₩200,000-₩150,000}{200,000}=25\%$

③ 영업레버리지도$=\dfrac{₩200,000\times0.4}{₩200,000\times0.4-₩60,000}=4$

④ 세후 순이익$=[₩200,000\times(1-0.6)-₩60,000]\times(1-0.2)=₩16,000$

[3-3] ②

구하고자 하는 매출액을 S라고 하고 고정원가를 fc라고 하면

$S=\dfrac{fc+₩84,000}{0.3}$ ....①

①식에서 S를 구하고자 하면 fc를 구해야 한다.

$₩360,000=\dfrac{fc}{0.3}$에서 $fc=₩108,000$

fc값을 ①식에 대입하면 $S=₩640,000$

[3-4] ①

BEP $S=\dfrac{fc}{cm}\times p$에서 BEP $S=\dfrac{1.2fc}{cm}\times p$로 변함.　　∴ 20% 증가

손익분기점에서는 이익이 발생하지 않으므로 법인세율과 손익분기점의 결정은 무관하다.

[3-5] ⑤

판매량이 증가하면 영업레버리지도는 낮아진다. 영업레버리지도는 손익분기점에서 벗어날수록 감소한다.

[3-6] ④

공헌이익 − 고정원가 = 이익이므로

- 공헌이익을 구한다.

  20×1년 공헌이익: 매출액×공헌이익률 = ₩150,000×0.25 = ₩37,500
- 고정원가(fc)를 구한다.

  20×1년 고정원가: 손익분기점 매출액 $= \dfrac{\text{고정원가}}{\text{공헌이익률}} = \dfrac{fc}{0.25} =$ ₩100,000

  ∴ fc = ₩25,000
- 이익 = 공헌이익 − 고정원가 = ₩37,500 − ₩25,000 = ₩12,500

[3-7] ⑤

손익분기점 매출액 = 손익분기점 판매량×단위당 판매가격 이므로

우선 손익분기점 판매량을 구한다.

$$\text{손익분기점 판매량} = \frac{\text{고정원가}}{\text{단위당 공헌이익률}} = \frac{₩300,000}{(₩65 - ₩45)} = 15,000\text{단위}$$

손익분기점 매출액 = 15,000단위×₩65 = 975,000

[3-8] ②

구하고자 하는 순이익을 x로 놓으면

$$24,000 = \frac{₩300,000 + \chi}{(₩65 - ₩45)}$$

$\therefore\ x =$ ₩480,000 − ₩300,000 = ₩180,000

[3-9] ②

CVP분석은 세전이익 기준이므로 세후목표이익은 세전목표이익으로 변형하여 문제를 푼다.

세전이익 − 세액 = ₩45,000

세전이익 − 세전이익 · 법인세율 = ₩45,000

세전이익(1 − 0.4) = ₩45,000

$$\text{세전이익} = \frac{₩45,000}{0.6} = ₩75,000$$

$$\text{목표이익을 얻기 위한 판매량} = \frac{₩300,000 + ₩75,000}{(₩65 - ₩45)} = 18,750\text{개}$$

[3-10] ①

$$\text{급여방식 변경 전 BEP Q} = \frac{₩69,000}{(₩20 - ₩8)} \quad \therefore \text{ Q} = 5,750\text{단위}$$

$$\text{급여방식 변경 후 BEP Q} = \frac{₩55,000}{(₩20 - ₩8 - ₩20 \times 5\%)} \quad \therefore \text{ Q} = 5,000\text{단위}$$

공헌이익 − 고정원가 = 영업이익 이므로

급여방식 변경 전의 공헌이익 − 고정원가와 급여방식 변경 후의 공헌이익 − 고정원가가 같아지는 판매량을 찾으면 된다.

$12Q - ₩69,000 = 11Q - ₩55,000 \quad \therefore \ Q = 14,000$단위

[3-11] ⑤

20×1년의 매출액: $S - 0.6S - ₩1,000,000 = 0.15S \quad \therefore \ S = ₩4,000,000$

20×2년의 매출액: $S' - 0.7S' - ₩1,200,000 = 0.1S' \quad \therefore \ S' = ₩6,000,000$

매출액 증가: ₩6,000,000 − ₩4,000,000 = ₩2,000,000

[3-12] ④

단위당 공헌이익: ₩200 − ₩140 = ₩60

세전 목표이익 = 세후이익 ÷ (1 − 법인세율) = ₩61,200 ÷ (1 − 0.4) = ₩102,000

$$\text{세후 목표이익 달성을 위한 판매량} = \frac{₩60,000 + ₩102,000}{₩60} = 2,700\text{단위}$$

[3-13] ③

$$\text{BEP Q} = \frac{₩120,000,000}{₩600,000 - ₩500,000} = 1,200\text{명}$$

[3-14] ②

$$\text{세후 목표순이익 달성을 위한 판매량} = \frac{₩120,000,000 + \dfrac{₩30,000,000}{(1 - 0.4)}}{₩600,000 - ₩500,000} = 1,700\text{명}$$

[3-15] ④

$$\text{세후 목표순이익 달성을 위한 판매량} = \frac{₩120,000,000 + \dfrac{₩30,000,000}{(1-0.4)}}{p - ₩500,000} = 2,500\text{명}$$

∴ $p = ₩568,000$

주관식

[3-1]

① 공헌이익: 매출에서 변동원가를 뺀 값이 공헌이익이며 공헌이익에서 고정원가를 회수하고 남은 부분이 영업이익이다.

② 공헌이익률: $\dfrac{\text{매출} - \text{변동원가}}{\text{매출}}$

손익분기점 매출액: $\dfrac{\text{고정원가}}{\text{공헌이익률}}$

③ 손익분기점: 손실과 이익이 나뉘는 지점 즉 이익이 ₩0인 지점

④ 안전한계율: $\dfrac{\text{안전한계}}{\text{실제매출액}}$

[3-2] 1. ₩1,000,000　　　2. 4,000단위

1. 단위당 공헌이익을 cm, 고정원가를 fc라고 하면

$$3,000\text{단위} = \frac{fc + ₩200,000}{cm} \quad \cdots\cdots ①$$

$$2,500\text{단위(손익분기점 판매량)} = \frac{fc}{cm} \quad \cdots\cdots ②$$

①식－②식으로 cm을 구하면

$$\begin{array}{rl} & 3,000cm = fc + ₩200,000 \\ -) & 2,500cm = fc \\ \hline & 500cm = ₩200,000 \end{array}$$

cm＝400, 이를 ①식 또는 ②식에 대입하면 fc＝₩1,000,000

2. 판매가격을 단위당 ₩150 인하하면 cm＝₩400－₩150＝₩250

$$\therefore \text{새로운 손익분기점 판매량} = \frac{₩1,000,000}{₩250} = 4,000\text{단위}$$

[3-3] ₩400,000

$$안전한계율 = \frac{당기매출액 - 손익분기점\ 매출액}{당기매출액}$$

$$= \frac{₩1,500,000 - 손익분기점\ 매출액}{₩1,500,000}$$

$$= 20\%$$

∴ 손익분기점 매출액 ₩1,200,000

손익분기점 매출액 = 손익분기점 판매량 × 판매가격

$$₩1,200,000 = \frac{고정원가}{(₩750 - ₩500)} \cdot ₩750$$

∴ 고정원가 = ₩400,000

[3-4] 6.0%

연간 최대 좌석판매량은 100석 × 10대 × 100일 = 100,000석

1좌석 당 1일 공헌이익 = ₩50,000 − 10,000 = ₩40,000

$$손익분기점\ 좌석판매량 = \frac{₩240,000,000}{₩40,000} = 6,000석$$

$$손익분기점\ 좌석판매율(점유율) = \frac{6,000석}{100,000석} = 6.0\%$$

[3-5] 81.25%

$$공헌이익률:\ \frac{9,6000,000}{16,000,000} = 60\%$$

$$BEP매출액:\ \frac{1,800,000}{60\%} = 3,000,000$$

$$안전한계율:\ \frac{16,000,000 - 3,000,000}{16,000,000} = 81.25\%$$

[3-6]

1. 공헌이익 = (₩1,000 − 700) × 350,000단위 = ₩105,000,000

$$공헌이익률 = \frac{₩300}{₩1,000} = \frac{₩300 \times 350,000단위}{₩1,000 \times 350,000단위} = 30\%$$

2. $$BEP\ Q = \frac{₩60,000,000}{₩300} = 200,000단위$$

BEP S = BEP Q × p(단위당 가격) = 200,000 × ₩1,000 = ₩200,000,000

또는 BEP S = 고정원가 ÷ 공헌이익률 $= \frac{₩60,000,000}{0.3} =$ ₩200,000,000

3. 목표이익 ₩9,000,000을 얻기 위한 판매량 $= \frac{₩60,000,000 + ₩9,000,000}{₩300}$

= 230,000단위

4. 세후이익 ₩9,000,000을 얻기 위한 판매량 $= \frac{₩60,000,000 + \frac{₩9,000,000}{(1-0.4)}}{₩300}$

= 250,000단위

[3–7]

1. A사의 영업레버리지도 = 공헌이익 ÷ 영업이익 = ₩60,000 ÷ ₩30,000 = 2
   B사의 영업레버리지도 = 공헌이익 ÷ 영업이익 = ₩120,000 ÷ ₩30,000 = 4
   C사의 영업레버리지도 = 공헌이익 ÷ 영업이익 = ₩150,000 ÷ ₩30,000 = 5
2. A사의 영업이익 = ₩30,000 + ₩30,000 × (2 × 10%) = ₩36,000
   B사의 영업이익 = ₩30,000 + ₩30,000 × (4 × 10%) = ₩42,000
   C사의 영업이익 = ₩30,000 + ₩30,000 × (5 × 10%) = ₩45,000

[3–8] 25%

안전한계율 $= \frac{\text{영업이익}}{\text{공헌이익}}$

$= \frac{₩2,000,000 \times 0.3 - ₩450,000}{₩2,000,000 \times 0.3}$

= 25%

[3–9]

1. 공헌이익률 $= \frac{\text{공헌이익}}{\text{매출액}} = \frac{₩4,000,000}{₩10,000,000} =$ 40%
2. BEP Q $= \frac{\text{고정원가}}{\text{단위당 판매가격} - \text{단위당 변동원가}} = \frac{₩3,000,000}{₩250 - ₩150} =$ 30,000단위
3. 목표이익을 얻기 위한 판매량 $= \frac{\text{고정원가} + \text{목표이익}}{\text{단위당 변동원가}}$

   $= \frac{₩3,000,000 + ₩2,000,000}{₩100}$

   = 50,000단위
4. 안전한계 = 실제매출액 − BEP매출액 = ₩10,000,000 − 30,000단위 × ₩250 = ₩2,500,000

5. 영업레버리지도 $= \dfrac{\text{공헌이익}}{\text{영업이익}} = \dfrac{₩4,000,000}{₩1,000,000} = 4$

6. 영업이익 증가액 = 판매량 증가분 × 단위당 공헌이익
   = 1,000단위 × ₩100
   = ₩100,000

[3–10]

1. 단위당 공헌이익 = 단위당 판매가격 − 단위당 변동원가 = ₩50 − (₩8 + 6 + 8 + 3) = ₩25

2. 공헌이익률 $= \dfrac{\text{단위당 공헌이익}}{\text{단위당 판매가격}} = \dfrac{₩25}{₩50} = 50\%$

3. BEP S $= \dfrac{\text{고정원가}}{\text{공헌이익률}} = \dfrac{₩350,000}{0.5} = ₩700,000$

4. 안전한계율 $= \dfrac{\text{실제 매출액} - BEP\ \text{매출액}}{\text{실제 매출액}} = \dfrac{₩800,000 - ₩700,000}{₩800,000} = 12.5\%$

5. 영업레버리지도 $= \dfrac{\text{공헌이익}}{\text{영업이익}} = \dfrac{\text{매출액} - \text{변동원가}}{\text{매출액} - \text{변동원가} - \text{고정원가}}$

   9월의 영업레버리지도 $= \dfrac{₩800,000 - ₩400,000}{₩800,000 - ₩400,000 - ₩350,000} = 8$

   10월의 영업레버리지도 $= \dfrac{₩900,000 - ₩450,000}{₩900,000 - ₩450,000 - ₩350,000} = 4.5$

[3–11]

1. 20×1년 공헌이익 = 판매수량 × 단위당 공헌이익
   = 50,000단위 × (₩500 − ₩300)
   = ₩10,000,000

   20×2년 공헌이익 = ₩10,000,000 × (1 + 0.4) = ₩14,000,000

   판매수량 $= \dfrac{\text{공헌이익}}{\text{단위당 판매가격}} = \dfrac{₩14,000,000}{₩200} = 70,000$단위

   20×2년에 판매수량이 20,000단위 증가해야 하므로 매출액은 ₩10,000,000(= 20,000단위 × ₩500) 증가할 것으로 예상된다.

2. 손익분기점매출 = 손익분기점 판매량 × 단위당 판매가격

   $= \dfrac{₩6,000,000}{₩200} \times ₩500 = ₩15,000,000$

3. 20×2년 안전한계 = 실제매출액 − ₩15,000,000 = ₩12,000,000
   ∴ 실제매출 = ₩27,000,000

   20×2년의 목표 판매량 $= \dfrac{₩27,000,000}{₩500} = 54,000$단위

4. 20×2년 고정원가 = ₩6,000,000×1.2 = ₩7,200,000

$$20\times2년\ 손익분기점\ 판매량 = \frac{₩7,200,000}{₩200} = 36,000단위$$

$$20\times1년\ 손익분기점\ 판매량 = \frac{₩6,000,000}{₩200} = 30,000단위$$

∴ 20×2년 손익분기점 판매량은 6,000단위 증가한다.

[3-12] ₩400,000 매출 증가

20×1년의 매출을 S라고 하면, S − 0.6S − ₩1,000,000 = 0.2S에서 S = ₩5,000,000

∴ 20×1년의 영업이익 = ₩1,000,000(= 0.2S)

20×2년의 매출을 S′라고 하면, S′ − 0.5S′ − ₩900,000 = 1.8×₩1,000,000

∴ S′ = ₩5,400,000

매출액 증가: ₩5,400,000 − ₩5,000,000 = ₩400,000

[3-13] ₩21,900

20×1년의 영업이익: 40,000개×(₩21,000 − ₩11,000) − ₩280,000,000 = ₩120,000,000

새롭게 책정할 단위당 판매가격을 p라고 하면,

20×2년의 영업이익: 40,000개×(p − ₩11,400) − ₩300,000,000 = ₩120,000,000

∴ p = ₩21,900

[3-14] ₩170

고정원가를 fc라고 하면

₩70,000×0.2 = fc − ₩21,000 ∴ fc = ₩35,000

판매가격을 p라고 하면

$$목표판매량\ 1,000단위 = \frac{₩35,000 + ₩15,000 + \frac{₩28,000}{(1-0.3)}}{(p-80)} \qquad \therefore\ p = ₩170$$

[3-15]

1. 최소판매가격을 p라고 하면

$$손익분기점\ 판매량 = \frac{고정원가}{단위당\ 공헌이익} = \frac{₩1,000,000}{p - ₩80}$$

$$= 50,000단위$$

∴ p = ₩100

즉, 판매가격이 ₩100이면 손익분기점에 도달하여 최소한 손실은 보지 않게 된다.

2. 최소판매가격을 p라고 하면

$$\text{목표이익을 얻기 위한 판매량} = \frac{\text{고정원가} + \text{목표이익}}{\text{단위당 공헌이익}}$$

$$\frac{₩1{,}000{,}000 + 0.2 \times 50{,}000 \times p}{p - ₩80} = 50{,}000\text{단위} \qquad \therefore\ p = ₩125$$

제 4 장

원가·조업도·이익분석의 확장

객관식

[4–1] ①

손익분기점의 기본가정은 선형을 가정한다. 즉, 단위당 판매가격, 단위당 변동원가, 고정원가는 관련범위 내에서 일정하다.

[4–2] ③

변동원가계산의 손익분기점은 생산량과 상관없이 판매량에 따라 손익분기점이 정해진다.

[4–3] ③

손익분기점 판매량: BEP $Q = \dfrac{₩400{,}000}{(₩80 - 45 - 10)} = 16{,}000$단위

현금흐름분기점 판매량:

$₩80 \cdot Q = ₩55 \cdot Q + (₩400{,}000 - ₩52{,}500) + (₩80 \cdot Q - ₩55 \cdot Q - ₩400{,}000) \times 0.4$

$Q = 12{,}500$단위

[4–4] ④

	제품 A	제품 B	제품 C
단위당 판매가격	₩120	₩100	₩150
단위당 변동원가	72	70	120
단위당 공헌이익	48	30	30
공헌이익율	48/120	30/100	30/150

가중평균공헌이익율 = $(48/120) \times 0.5 + (30/100) \times 0.2 + (30/150) \times 0.3 = 0.32$

목표이익달성 매출액 S(A+B+C) = (고정원가 + 목표이익)/가중평균공헌이익율

= (₩40,000 + 12,000)/0.32

= ₩162,500

[4–5] ③

제품별 공헌이익: A = ₩200, B = ₩400, C = ₩400

패키지(꾸러미)당 공헌이익 = ₩200 × 4 + ₩400 × 2 + ₩400 × 1 = ₩2,000

손익분기점 패키지수 = $\dfrac{₩1{,}000{,}000}{2{,}000} = 500$패키지

제품별 손익분기점 판매량: A＝500×4＝2,000단위
B＝500×2＝1,000단위
C＝500×1＝500단위
제품별 손익분기점 매출액: A＝2,000단위×₩900＝₩1,800,000
B＝1,000단위×₩1,000＝₩1,000,000
C＝500단위×₩900＝₩450,000
매출액 총합＝₩3,250,000

[4-6] ④

단위당 공헌이익＝단위당 판매가격－단위당 변동원가＝₩10,000－₩5,000＝₩5,000
재고자산수량을 살펴보면, 기초300＋생산량 x＝판매량 4,100＋기말200
∴ 생산량＝4,000단위
고정제조간접원가 배부율＝₩4,000,000÷4,000＝₩1,000

변동원가계산 BEP Q: $\dfrac{₩10,000,000}{₩5,000}$＝2,000단위

전부원가계산 BEP Q: $\dfrac{₩10,000,000-₩1,000\times 4,000\text{단위}}{₩10,000-₩5,000-₩1,000}$＝1,500단위

[4-7] ④

고정원가가 크면 영업레버리지가 커진다. 영업레버리지가 큰 경우에는 매출액이 조금만 변해도 영업이익은 크게 변한다. 따라서 고정원가의 비중이 큰 원가구조를 가지고 있는 기업일수록 레버리지 효과가 커므로 불경기에 매출이 감소하면 영업이익에 큰 타격을 입는다.

[4-8] ③

제품별 공헌이익: 라면＝₩200, 떡사리＝₩100, 햄＝₩50
패키지(꾸러미)당 공헌이익＝₩200×1＋₩100×3＋₩50×2＝₩600

손익분기점 패키지수＝$\dfrac{₩4,000,000}{600}$＝5,000패키지

제품별 손익분기점 판매량: 라면: 5,000×1＝ 5,000단위
떡사리: 5,000×3＝15,000단위
햄: 5,000×2＝10,000단위

[4-9] ⑤

가중평균공헌이익률＝Σ(제품별 공헌이익률×제품별 매출액 구성비율)
＝(60%×25%)＋(50%×75%)＝52.5%

손익분기점 매출액＝고정원가/가중평균공헌이익률

＝₩262,500/0.525＝₩500,000

A제품의 손익분기점 매출액＝₩500,000×25%(제품별 매출액 구성비율)

＝₩125,000

[4-10] ③

제품A의 단위당 공헌이익＝(₩30,000－₩15,000)/300단위＝₩50

제품B의 단위당 공헌이익＝(₩42,000－₩21,000)/700단위＝₩30

제품A와 제품B의 매출배합＝300:700＝3: 7

복수제품의 손익분기점 판매량＝₩21,600/(₩50×3＋₩30×7)＝60단위

제품A의 손익분기점 판매량: 60단위×3＝180단위

제품B의 손익분기점 판매량: 60단위×7＝420단위

[4-11] ②

가중평균공헌이익률＝30%×60%＋20%×40%＝26%

손익분기점 매출액을 S라 하면

0.26S＝260,000 ∴ S＝₩1,000,000

[4-12] ④

손익분기점에서 공헌이익＝고정원가 임을 이용하여 푼다.

손익분기점에서의 공헌이익＝x(A상품의 손익분기점 판매량)×₩10＋4,000단위×₩15

A상품과 B상품의 매출배합이 6:4이므로 손익분기점에서의 매출배합도 6:4

따라서 6:4＝x:4,000 ∴ x(A상품의 손익분기점 판매량)＝6,000단위

손익분기점 공헌이익＝6,000×₩10＋4,000×₩15＝₩120,000＝손익분기점 고정원가

C상품 취급시 매출 배합이 20:60:20이므로 C상품 취급시의 판매량을 x: $3x$: x라 하면

손익분기점에서 x×₩10＋$3x$×₩15＋x×₩5＝₩120,000 ∴ x＝2,000단위

B상품의 판매량은 $3x$이므로 6,000단위

[4-13] ②

고정원가가 주어져 있지 않으므로 추정해야 함.

- 첫 번째 구간 BEP: 고정원가 추정 가능함.

  고정원가(A)÷(₩200－₩150)＝840개

  A＝₩42,000

• 두 번째 구간 BEP

{₩42,000 + 고정원가증가액(B)} ÷ (₩200 − ₩150) = 2,400개

B = ₩78,000

• 달성가능한 최대이익

− 첫 번째 구간 최대 판매량(1,000개): 1,000개 × ₩50 − ₩42,000 = ₩5,000

− 두 번째 구간 최대 판매량(2,500개): 2,500개 × ₩50 − (₩42,000 + ₩78,000) = ₩8,000

[4−14] ③

판매량을 Q라 하면,

• 0 < Q < 50,000개

$$Q = \frac{₩3,000,000 + ₩9,000,000}{₩400 \times 0.3} = 100,000\text{개(모순)}$$

• 50,000개 < Q < 90,000개

$$Q = \frac{₩4,500,000 + ₩9,000,000}{₩400 \times 0.3} = 112,500\text{개(모순)}$$

• 90,000 < Q < 130,000개

$$Q = \frac{₩6,000,000 + ₩9,000,000}{₩400 \times 0.3} = 125,000\text{개(적합)}$$

[4−15] ⑤

• 우선, 세후목표순이익을 세전으로 환산한다. 세후이익이 ₩1,000,000보다 크므로 세전이익도 당연히 ₩1,000,000 이상이다.

세전이익을 x라고 하면

₩1,000,000(1 − 0.25) + (x − ₩1,000000) × (1 − 0.3) = ₩1,450,000

∴ x = ₩2,000,000

• 단위당 공헌이익을 구한다. cm = ₩10,000 × (1 − 0,8) = ₩2,000

• 목표이익 달성을 위한 판매수량을 판매량 구간별로 계산한 후 적합 여부를 판단한다.

5,000 단위 이하 판매 시:

$$\text{목표이익달성을 위한 } Q = \frac{₩8,500,000 + ₩2,000,000}{₩2,000} = 5,250\text{단위(조건에 부적합)}$$

5,000 단위 초과 판매 시:

$$\text{목표이익달성을 위한 } Q = \frac{₩11,000,000 + ₩2,000,000}{₩2,000} = 6,500\text{단위(조건에 적합)}$$

주관식

[4-1] 360단위 차이

법인세가 없는 경우: 현금흐름분기점 $Q = \frac{₩100,000 - ₩21,600}{₩100 - ₩60} = 1,960$단위

법인세율 40%인 경우: 현금흐름분기점 $Q = \frac{₩100,000(1-0.4) - ₩21,600}{(₩100 - ₩60) \times (1-0.4)} = 1,600$단위

두 현금흐름분기점 판매량의 차이: 1,960단위 − 1,600단위 = 360단위

[4-2]

패키지(꾸러미)당 공헌이익 = $100 \times 2 + 400 \times 1 = 600$

손익분기점 패키지수 = $\frac{₩3,600,000}{600} = 6,000$패키지

제품별 손익분기점 판매량: $A = 6,000 \times 2 = 12,000$단위

$B = 6,000 \times 1 = 6,000$단위

[4-3]

가중평균공헌이익률 = $0.25 \times \frac{2}{3} + 0.5 \times \frac{1}{3} = \frac{1}{3}$

손익분기점 매출액 = $\frac{₩3,600,000}{1/3} = ₩10,800,000$

	제품별 손익분기점 매출액	제품별 손익분기점 판매량
A:	$₩10,800,000 \times \frac{2}{3} = ₩7,200,000$	$\frac{₩7,200,000}{₩400} = 18,000$단위
B:	$₩10,800,000 \times \frac{1}{3} = ₩3,600,000$	$\frac{₩3,600,000}{₩800} = 4,500$단위

[4-4]

1. 손익분기점
   1) 공헌이익률 A제품 : (₩1,000 − ₩400)/₩1,000 = 60%
      B제품 : (₩500 − ₩250)/₩500 = 50%
   2) 가중평균공헌이익률 : 60% × 40%(A제품) + 50% × 60%(B제품) = 54%
   3) 손익분기매출액 : ₩2,700,000 / 54% = ₩5,000,000
   4) 개별제품매출액 : A제품 : ₩5,000,000 × 40% = ₩2,000,000
      B제품 : ₩5,000,000 × 60% = ₩3,000,000
   5) 손익분기매출량 : A제품 : ₩2,000,000/₩1,000 = 2,000단위

B제품 : ₩3,000,000/₩500 = 6,000단위

2. 목표이익 달성을 위한 판매량
   1) 목표이익(세전) : ₩378,000/(1 − 0.3) = ₩540,000
   2) 손익분기매출액 : (₩2,700,000 + ₩540,000) / 54% = ₩6,000,000
   3) 개별제품매출액 : A제품 : ₩6,000,000 × 40% = ₩2,400,000
      B제품 : ₩6,000,000 × 60% = ₩3,600,000
   4) 손익분기매출량 : A제품 : ₩2,400,000/₩1,000 = 2,400단위
      B제품 : ₩3,600,000/₩500 = 7,200단위

3. 목표이익을 달성하기 위한 매출액
   1) 목표매출액을 S라고 하면
      0.54S − ₩2,700,000 = 0.09S/(1 − 0.3)
      ∴ S = ₩6,562,500
   2) 개별제품매출액 : A제품 : ₩6,562,500 × 40% = ₩2,625,000
      B제품 : ₩6,562,500 × 60% = ₩3,937,500
   3) 손익분기매출량 : A제품 : ₩2,625,000/₩1,000 = 2,625단위
      B제품 : ₩3,937,500/₩500 = 7,875단위

[4-5] 손익분기점 판매량 14,000단위

(1) 판매량이 10,000단위 이내인 경우

$$BEP\ Q = \frac{1{,}200{,}000\text{원}}{300 - 200} = 12{,}000\text{단위(부적합)}$$

(2) 판매량이 10,001단위~30,000단위인 경우

300 × 10,000 + 250(Q − 10,000) = 200Q + 1,200,000

∴ Q = 14,000단위(적합)

(3) 판매량이 30,001~50,000단위인 경우

300 × 10,000 + 250 × 20,000 + 240 × (Q − 30,000) = 200Q + 1,200,000

∴ Q = 10,000단위(부적합)

따라서, 손익분기점 판매량은 14,000단위이다.

[4-6] 현금흐름분기점 판매량 12,000단위

(1) 판매량이 10,000단위 이내인 경우

$$BEP\ Q = \frac{1{,}100{,}000\text{원}}{300 - 200} = 11{,}000\text{단위(부적합)}$$

(2) 판매량이 10,001단위~30,000단위인 경우

$300 \times 10{,}000 + 250(Q - 10{,}000) = 200Q + 1{,}100{,}000$

$\therefore$ Q = 12,000단위(적합)

(3) 판매량이 30,001~50,000단위인 경우

$300 \times 10{,}000 + 250 \times 20{,}000 + 240 \times (Q - 30{,}000) = 200Q + 1{,}100{,}000$

$\therefore$ Q = 7,500단위(부적합)

따라서, 현금흐름분기점 판매량은 12,000단위이다.

[4-7] 1. 391단위 2. 151단위

1. 변동원가계산을 적용하는 경우 손익분기점 판매량

$$= \frac{₩234{,}000 + ₩157{,}000}{₩2{,}000 - (₩500 + ₩500)} = \frac{₩391{,}000}{₩1{,}000} = 391\text{단위}$$

2. 전부원가계산을 적용하는 경우 손익분기점 판매량

$$\text{고정제조간접원가 배부율} = \frac{₩234{,}000}{1{,}800\text{단위}} = ₩130$$

$$= \frac{₩391{,}000 - ₩130 \times 2{,}000\text{단위}}{₩2{,}000 - (₩500 + ₩500) - ₩130} = 151\text{단위}$$

[4-8]

1. 변동원가계산을 적용하는 경우 손익분기점 판매량

$$= \frac{₩300{,}000 + ₩105{,}000}{₩80 - (₩45 + ₩10)} = \frac{₩405{,}000}{₩25} = 16{,}200\text{단위}$$

2. 전부원가계산을 적용하는 경우 손익분기점 판매량

$$\text{고정제조간접원가 배부율} = \frac{₩300{,}000}{30{,}000\text{단위}} = ₩10$$

$$= \frac{₩405{,}000 - ₩10 \times 30{,}000\text{단위}}{₩80 - (₩45 + ₩10) - ₩10} = 7{,}000\text{단위}$$

[4-9]

1. $\text{손익분기점 판매량} = \dfrac{₩200{,}000}{₩40 - ₩30} = 20{,}000\text{단위}$

2. 안전한계 = 실제매출액 − 손익분기점 매출액

   = ₩40 × 25,000 − ₩40 × 20,000 = ₩200,000

   안전한계율 = 안전한계/실제매출액 = ₩200,000/₩1,000,000 = 20%

3. 영업레버리지도 = 공헌이익/영업이익 = ₩250,000/₩50,000 = 5

   20×2년 영업이익 증가율 = 20% × 5 = 100%

[4-10]

현금흐름분기점 판매량 = (고정원가 − 비현금지출원가)/단위당 공헌이익
= (₩200,000 − ₩20,000)/(₩40 − ₩30)
= 18,000단위

[4-11]

공헌이익	₩15 × 30,000	₩450,000	
고정원가		330,000	(₩200,000 + ₩130,000)
영업이익		₩120,000	
법 인 세	120,000 × 40%	48,000	
순 이 익		₩ 72,000	

$$\text{손익분기점 매출액} = \frac{₩330,000}{\dfrac{₩45 - ₩30}{₩45}} = ₩990,000 \text{ 혹은 } ₩1,000,000$$

[4-12]

최대허용광고비를 x라 하면,

$$\text{목표세전이익} = \frac{\text{목표세후이익}}{1-0.4} = \frac{₩60,000}{1-0.4} = ₩100,000$$

공헌이익 = 기존 고정원가 + 추가광고비 + 목표세전이익

₩15 × 30,000 = ₩200,000 + x + ₩100,000

x = ₩150,000

∴ 최대허용광고비 = ₩150,000

[4-13]

관련범위 0~10,000단위에서,

BEP Q = ₩300,000 ÷ (₩40 − ₩15) = 12,000단위 (관련범위를 벗어나므로 모순)

관련범위 10,000~20,000단위에서,

BEP Q = ₩400,000 ÷ (₩40 − ₩15) = 16,000단위 (관련범위 내에 해가 존재하므로 적합)

[4-14] 75%

- 세후목표이익 달성을 위한 판매량을 구할 때 필요한 항목 중 단위당 변동원가를 모르므로 단위당 변동원가를 먼저 구한다. 단위당 변동원가를 x라 하면
  매출 − (변동원가 + 고정원가) = 목표이익이므로

$$5{,}000단위 \times ₩2{,}000 - (5{,}000단위 \times x + 1{,}000단위 \times ₩200 + ₩1{,}400{,}000)$$

$$= \frac{₩1{,}920{,}000}{1 - 0.2}$$

$$\therefore\ x = ₩1{,}200$$

• 세후목표이익 달성을 위한 판매량을 Q라 하면

$$₩2000 \cdot Q - ₩1{,}200 \cdot Q - (Q - 4{,}000단위) \times ₩200 = ₩1{,}400{,}000 + \frac{₩2{,}400{,}000}{1 - 0.2}$$

$$\therefore\ Q = 6{,}000단위$$

• 최대판매수량기준 조업도 비율: $\frac{6{,}000단위}{8{,}000단위} = 75\%$

[4–15] 1,000단위

• 세후목표이익 달성을 위한 판매량을 구함에 있어 단위당 변동원가를 먼저 확정해야 한다.

내년의 단위당 변동원가		
직접재료원가	₩150 × 1.1	₩165
직접노무원가	$\frac{3시간}{1.2} \times (₩60 \times 1.05)$	157.5
변동제조간접원가	$\frac{3시간}{1.2} \times ₩100$	250
변동판매관리원가		400
		₩972.5

• 세후목표이익 달성을 위한 판매량을 Q라 하면

$$₩2000 \cdot Q - ₩972.5 \cdot Q = ₩527{,}500 + \frac{₩300{,}000}{1 - 0.4}$$

$$\therefore\ Q = 1{,}000단위$$

객관식

[5-1] ②

- 필요 부품의 자가제조를 외부구입으로 전환할 경우 회피되는 고정원가는 손익 의사결정과 관계 있음
- 특정 생산라인의 폐기를 고려할 경우에, 폐기된 라인의 포기된 공헌이익이 회피가능 고정원가를 초과하면 폐기 불가
- 대량구입에 의한 할인주문은 할인된 판매가격의 합계가 총 고정원가를 초과하면 이익이 발생여부는 상황에 따라 다름

[5-2] ③

의사결정을 함에 있어서 관련원가란 고려중인 대체적 대안들 사이에서 차이가 나는 현재지출원가가 아닌 미래지출원가를 말한다.

[5-3] ④

고정원가가 당해 의사결정과 관계없이 계속 발생한다면 고정원가는 비관련원가이다.

[5-4] ③

생산라인의 폐지로 인해 생산라인에서 발생하던 변동원가는 비용의 감소항목이므로 관련원가이다.

[5-5] ⑤

	제품 A	제품 B
시간당 공헌이익 최대시장수요량	₩40 ÷ 4h = ₩10	₩30 ÷ 2h = ₩15 300개
우선순위	2순위	1순위
제품 B 생산소요시간		300개 × 2시간 = 600시간
제품 생산	(2,000시간 − 600시간) ÷ 4h = 350개	300개

[5-6] ③

• 손익분기수량: ₩400,000 + ₩90x = ₩340,000 + ₩120x

∴ x = 2,000단위 (2,000단위 초과는 자가제조가 유리)

[5-7] ②

• 자가제조시 총원가 = (₩500 + ₩300 + ₩100) × 1,000개 + ₩500,000 = ₩1,400,000

• 외부구입시 총원가 = ₩1,000 × 1,000개 + ₩500,000 = ₩1,500,000

따라서 외부구입을 하지 않는다.

• 고정제조간접원가 및 소비자 판매가격은 비관련원가임

[5-8] ①

증분수익:	수익 증가	100단위 × ₩12 =	₩1,200
증분비용:	변동원가 증가	100단위 × (₩4 + ₩2 + ₩2) =	(800)
	추가원가 증가	100단위 × ₩2 =	(200)
증분이익			₩200

[5-9] ②

• 손실이 발생하는 제품라인을 폐기해도 공헌이익 상실액이 회피가능 고정원가를 초과하면 폐기하지 않는다.

• 라인을 다른 제품라인으로 전환하여 기대되는 공헌이익이 라인을 폐기하더라도 잔존하는 고정원가를 초과하면 제품라인을 전환한다.

[5-10] ②

• 현재 판매수량: 매출액 ÷ 제품 판매가격

= ₩2,000,000 ÷ 200 = 10,000단위

• 단위당 변동원가: (매출원가 × 50% + 판매관리비 × 50%) ÷ 판매수량

= (₩1,000,000 × 50% + ₩500,000 × 50%) ÷ 10,000단위 = ₩75

증분수익	매출액의 증가: 500단위 × ₩90 =	₩45,000
증분비용	변동원가의 증가: 500단위 × ₩75 =	37,500
증분이익		₩7,500

[5-11] ⑤

원가행태 분류 $b = \frac{30,000 \times ₩2,300 - 25,000 \times ₩2,500}{30,000 - 25,000} = ₩1,300$

추가주문수락으로 인한 영업이익 증가: 5,000개×(₩1,600－1,300)＝₩1,500,000

[5-12] ②

20×1년 영업이익:

(₩3,000－₩800－₩600)×900개－(₩800,000＋₩600,000)＝₩40,000

20×2년 생산 판매수량:

(₩3,000－₩800－₩600＋₩100)×Q－(₩800,000＋₩600,000＋₩317,800)

＝₩40,000

＝₩1,700·Q－₩1,757,800

Q＝1,034개

[5-13] ③

	제품 X	제품 Y
단위당 판매가격	₩1,500	₩1,000
단위당 변동원가	900	600
단위당 공헌이익	600	400
기계시간	6	2
기계시간당 공헌이익	₩100	₩200
생산우선순위	2순위	1순위

연간 기계시간(400시간)÷제품 Y 생산소요시간(2시간)＝200개

최대 영업이익＝200개×Y제품 단위당 공헌이익(₩400)－총고정원가(₩50,000)

＝₩30,000

[5-14] ⑤

각 제품의 최대생산량이 3,000상자이므로 우선순위가 높은 제품부터 재료 총공급량 18,000kg 범위 내에서 생산한다.

	A	B	C	계
단위당 공헌이익	₩1,200	₩1,000	₩1,080	
단위당 재료사용량÷	3	2	2.4	
재료 1kg당 공헌이익	₩400	₩500	₩450	
우선순위	③	①	②	
생산량(상자)	1,600	3,000	3,000	
재료소요량(kg)	4,800	6,000	7,200	18,000

[5-15] ①

	A	B
단위당 판매가격	₩520,000	₩800,000
단위당 변동원가	380,000	560,000
단위당 공헌이익	₩140,000	₩240,000
단위당 기계시간	4시간	8시간
단위당 공헌이익	35,000	30,000
생산우선순위	①	②
시장수요	800개	500개
시간배분	3,200시간	2,800시간
생 산 량	800개	350개

주관식

[5-1]

– 예상판매량 = 총매출액 ÷ 단위당 판매가격
= ₩10,000,000 ÷ ₩4,000
= 2,500단위

– 단위당 변동제조원가 = (매출원가 – 고정원가) ÷ 예상판매량
= (₩6,000,000 – ₩4,500,000) ÷ 2,500단위
= ₩600

– 단위당 변동판매관리비 = (판매관리비 – 고정원가) ÷ 예상판매량
= (₩1,500,000 – ₩1,000,000) ÷ 2,500단위
= ₩200

∴ 스마트(주)는 최대생산능력이 2,500단위이므로 특별주문 500단위를 생산할 수 있는 유휴생산설비가 부족한 상태. 따라서 기존 정규시장의 예상판매량을 500단위를 감소시켜야만 특별주문을 수락할 수 있다. 따라서 정규예상판매량 500개를 감소시키면서 상실되는 공헌이익을 기회비용으로 고려해야 한다.

−특별주문의 증분이익

증분수익	수익의 증가: 500단위×@5,000=	₩2,500,000	
	수익의 감소: 500단위×@4,000=	(2,000,000)	₩500,000
증분원가	변동원가 증가: 500단위×@800=	₩400,000	
	변동판관비 감소: 500단위×@100=	(50,000)	
	변동원가 감소: 500단위×@800=	(400,000)	(50,000)
증분이익			₩450,000

[5-2]

−최대생산능력=시간당 1,800부×7시간=12,600부

−1일 복사수요량=10,000부

−특별주문 5,000부

∴ 스마트(주)는 최대생산능력이 12,600부이므로 특별주문 5,000부의 복사물를 생산할 수 있는 유휴생산설비가 부족한 상태. 따라서 기존 정규수요량의 2,400부를 감소시켜야만 특별주문을 수락할 수 있기 때문에 기회비용으로 고려해야 한다.

증분수익	수익의 증가: 5,000부×₩32=	₩160,000	
	수익의 감소: 2,400부×₩40=	(96,000)	₩64,000
증분원가	변동원가 증가: 5,000부×₩16=	₩80,000	
	변동원가 감소: 2,400부×₩16=	(38,400)	41,600
증분이익			₩22,400

[5-3]

증분수익			₩0
증분원가	변동원가 감소: 6,000건×₩2,000=	(₩12,000,000)	
	고정원가 감소	(1,400,000)	
	대행수수료	13,000,000	(400,000)
증분이익			₩400,000

[5-4]

증분수익	증분비용
변동원가 감소 1,000×₩12=₩12,000 고정원가 감소 1,000×₩9×2/3=₩6,000	구입원가 1,000×₩20=₩20,000

∴ 증분이익(손실)=₩18,000−₩20,000=(₩2,000)

[5-5]

증분수익	증분비용
변동원가 감소 10,000×(₩35+₩180+₩45)=₩2,600,000 대체적 사용 ₩220,000 보험료 감소 ₩100,000	구입비용 10,000×₩300=₩3,000,000

∴ 증분이익(손실) ₩2,920,000−₩3,000,000=(₩80,000)

∴ 자가제조하는 것이 ₩80,000 유리하다.

[5-6]

증분수익	증분비용
변동원가 감소 20,000×(₩10+₩30+₩10)=₩1,000,000 고정원가 감소 20,000×₩10=₩200,000 대체적 사용 P	구입비용 20,000×₩70=₩1,400,000

∴ ₩1,200,000+P−₩1,400,000>₩100,000

∴ P>₩300,000

[5-7]

관련원가

직접재료원가	₩20,000
직접노무원가	15,000
변동제조간접원가	6,000
추가적인 고정원가 $\frac{₩10,000,000}{10,000}$	1,000
관련원가	₩42,000

비관련원가

고정제조간접원가	₩9,000
변동판매관리비	3,000
고정판매관리비	2,000
비관련원가	₩14,000

[5-8]

단위당 변동원가: ₩990,000 ÷ 18,000단위 = ₩55

증분수익: 공헌이익 증가	15,000개 × (₩90 − ₩55) =	₩525,000
증분원가: 포기공헌이익	3,000개 × (₩100 − ₩55) =	135,000
증분손익		₩390,000

따라서 기존 영업이익(₩315,000) + 증분이익(₩390,000) = ₩705,000

[5-9]

₩160,000

(1) 생산우선순위결정

	A	B	C
단위당 판매가격	₩50	₩30	₩40
단위당 변동원가	20	10	20
단위당 공헌이익	₩30	₩20	₩20
단위당 기계소요시간	3시간	2시간	1시간
시간당 공헌이익	₩10	₩10	₩20
생산우선순위	2	2	1

(2) 최대공헌이익: 8,000시간 × ₩20 (제품 C의 시간당 공헌이익) = ₩160,000

[5-10]

1. B부서 폐쇄의 경우

B공헌이익 감소액:	(₩120,000 − ₩84,000) =	(₩36,000)
추적가능 고정원가 감소액:	₩40,000 × (3/4) =	30,000
A공헌이익 감소액:	(₩80,000 − ₩32,000) × 10% =	(4,800)
이익증가(감소액)		₩(10,800)

2. 판촉비용 지출의 경우

부서 B공헌이익 증가액:	(₩120,000 − ₩84,000) × 10% =	₩3,600
판촉비 증가액:		(60,000)
영업이익 증가(감소)액		₩(56,400)

[5-11]

	제품 A	제품 B	제품 C
단위당 공헌이익	₩240	₩300	₩320
단위당 기계이용시간	2h	3h	4h
기계이용시간당 공헌이익	₩120	₩100	₩80
우선순위	1순위	2순위	3순위
생산량	3,000개	1,000개	250개
수요량충족 기계시간	6,000h	3,000h	1,000h

• 특별주문 제품 A 800개 생산시 기계이용시간: 800개×2h=1,600h. 1차로 제품 C 포기하고, 나머지는 B를 포기

	근거	금액
증분수익:		
매출증가	800개×₩360	₩288,000
증분원가:		
변동원가추가	800개×₩160	₩128,000
제품 C 포기공헌이익	1,000h×₩80	80,000
제품 B 포기공헌이익	600h×₩100	60,000
증분손익		₩20,000

[5-12]

제품 1단위당 직접재료원가÷₩16=제품 1단위당 원재료수량

1. A: ₩108÷3파운드=₩36
   B: ₩216÷9=₩24
   C: ₩120÷4=₩30

2. A. 왜냐하면, 파운드당 공헌이익이 가장 크기 때문이다.

3. B제품, 자원의 제약이 없으면 제품단위당 공헌이익 높은 제품을 우선적으로 생산한다.

[5-13]

고정제조간접원가와 고정판매관리비의 단위당 원가는 총원가를 연간 기대조업도로 나눈 것으로 이를 변동원가로 생각하면 안된다.

• 제조원가예산 – 요약

	변동원가(단위당)	고정원가(총액)
직접재료원가	₩60	–
직접노무원가	32	–
제조간접원가	16	₩100,000
판매관리비	14*	140,000

* 특별주문 의사결정에서는 변동판매관리비에 특히 주의하여야 한다. 변동제조원가는 특별주문의 생산을 위해 반드시 발생하게 되는 원가이나, 변동판매관리비는 판매조건에 따라 발생하지 않거나 정규시장판매와는 다른 원가구조를 지닐 수도 있기 때문이다.

• 단위당 공헌이익

	정규시장	특별주문
판매가격	₩200	₩130
변동제조원가	108	108
변동판매관리비	14	4*
공헌이익	₩78	₩18

* 12,000÷3,000개=₩4

1. 연간 최대조업도: 8,000개

특별주문 3,000개는 유휴생산능력 3,000개(=8,000개－5,000) 내에서 모두 생산될 수 있다.

① 단위당 특별주문가격: ₩130

② 단위당 변동원가: ₩112

③ 의사결정

특별주문을 수락하는 것이 단위당 ₩18만큼 유리하다.

	단 위 당	총 액
매 출 액	₩130	₩390,000
변동원가	112	336,000
공헌이익	18	₩54,000

2. 연간 최대조업도: 7,000개

이 경우에는 특별주문 3,000개를 유휴생산능력 2,000개(=7,000개－5,000) 내에서 모두 생산할 수 없다.

(1) 정규시장 판매량 축소

① 특별주문으로부터의 총공헌이익: ₩18×3,000개=₩54,000

② 정규시장 판매량의 축소로 인하여 상실되는 총공헌이익:
₩78×1,000개＝₩78,000

③ 의사결정: 특별주문을 거부하는 것이 ₩24,000(＝₩78,000－54,000)만큼 유리하다. 특별주문을 수락하게 되면 ₩24,000만큼의 영업이익이 감소하게 된다.

(2) 설비임차

① 특별주문으로부터의 총공헌이익: ₩54,000

② 증분고정원가(임차료): ₩50,000

③ 의사결정: 설비를 임차하고 특별주문을 수락하는 것이 ₩4,000만큼 유리하다.

(3) 외부구입

① 특별주문으로부터의 총공헌이익

자가생산분	₩18×2,000개＝	₩36,000
외부구입분	6*×1,000개＝	6,000
		₩42,000

* ₩130－(120＋4)＝₩6

② 의사결정: 1,000단위를 ₩120에 외부구입하여 특별주문을 수락하는 것이 ₩42,000만큼 유리하다.

[5-14]

외부공급자의 제안을 수락하는 경우

(증분수익)			
－임대료			₩800,000
(증분비용)			
－외부구입비용의 증가	30,000×210＝	₩6,300,000	
－제조비용의 감소	(36＋100＋24＋90×1/3)×30,000＝	5,700,000	600,000
증분이익			₩200,000

외부공급자의 제안을 수락하는 경우 ₩200,000의 이익이 증가하므로 수락한다.

[5-15]

A제품의 생산량을 a, B제품의 생산량을 b라 하면

목적함수 : Max＝4,500a＋1,100b

제약조건 : $5a+4b \leq 1,000$

$6a+3b \leq 900$

$a,\ b \geq 0$

제 6 장

종합예산

객관식

[6-1] ③

영기준계산제도를 운영하는 경우에는 예산편성을 위한 노력이 많이 든다.

[6-2] ④

종합예산은 조직의 각 부문활동에 대한 예산이 종합된 조직전체의 예산이며, 연초 하나의 조업도수준에 근거하여 편성되며, 일단 편성이 되면 바뀌는 일이 없어 고정예산의 일종이다.

[6-3] ⑤

참여예산을 편성하는 경우 각 사업부의 의견을 수렴하는 한편 조직 전체의 목표달성을 위하여 조정과정을 거친다. 즉, 참여예산에서는 쌍방향 의사소통과 조정이 필요하다.

[6-4] ①

운영예산은 영업활동에 대한 예산으로 예산손익계산서에 총괄된다.

[6-5] ③

참여적 예산은 조직구성원 사이에 조정하는 과정으로 인하여 예산편성에 많은 시간을 소요한다는 단점을 지니고 있다.

[6-6] ②

	4월	5월	6월	7월
매출수량	₩100,000	₩120,000	④₩160,000	₩140,000
기말재고량(+)	① 24,000	② 32,000	③ 28,000	
기초재고량(−)		① 24,000	② 32,000	
생산량	104,000	128,000	156,000	

① : 120,000×20%=24,000 ② : 128,000+24,000−120,000=32,000

③ : 140,000×20%=28,000 ④ : 156,000+32,000−28,000=160,000

[6-7] ③

기초	3,500개×25%= 875개	판매량	3,500개
생산	3,625개	기말	4,000개×25%= 1,000개

[6-8] ②

2월 제품계정

기초	4,100,000×0.7×0.25= 717,500	판매	4,100,000×0.7= 2,870,000
	2,817,500	기말	3,800,000×0.7×0.25= 665,000

[6-9] ③

원 재 료

기 초	220kg	사용량 (1,100개×2kg=)	2,200kg
매입량 (?)	2,280kg	기 말(1,500개×2kg)×10%=)	300kg
	2,500kg		2,500kg

1분기 원재료구입액=2,280kg×₩10=₩22,800

[6-10] ③

구입량(X): 월초(31,000단위×2kg×0.3)+구입(X)=사용(31,000단위×2kg)+
기말(33,000단위 ×2kg×0.3)

X=63,200kg

[6-11] ④

(1) 3월의 현금유입액

3월 중 현금매출액	:			₩80,000
3월 매출채권 회수액	:	₩100,000×50%	=	50,000
2월 매출채권 회수액	:	₩30,000×35%	=	10,500
1월 매출채권 회수액	:	₩50,000×10%	=	5,000
합 계				₩145,500

(2) 3월말 현금잔고=15,000원+145,500원=160,500원

[6-12] ②

재료 구입량	1분기초 재고량+구입량=사용량+1분기말 재고량 24,000단위×4g×25%+Xg=24,000단위×4g+35,000단위×4g×25%	107,000g
재료 구입액	₩1.2×107,000g	₩128,400

[6-13] ⑤

	1월	2월	3월	계
매 출 액	₩500,000	₩550,000	₩660,000	
현금매출	350,000	385,000	462,000	
외상매출금 회수 :				
1월	90,000			
2월	60,000	99,000		
3월		66,000	118,800	184,800

따라서 3월의 현금회수액 : ₩462,000+₩184,800=₩646,800

[6-14] ③

금년 초에 설립되었으므로 1월의 기초재고는 없다.

	1월	2월	3월	계
매출액	₩9,600	₩12,000	₩15,600	
매출원가(÷120%)	8,000	10,000	13,000	
기말재고(+)	3,000	3,900		
기초재고(−)	0	3,000	3,900	
당월구입	₩11,000	₩10,900		
[지급]				
1월	(40%)₩4,400			
2월	(60%) 6,600	(40%)₩4,360		₩10,960
3월		(60%) 6,540	(40%)	

[6–15] ④

(판매예산)

		1월		2월	3월
매출액		₩100,000		₩150,000	₩120,000
(회수)					
1월	30%	30,000			
2월	70%	70,000	30%	45,000	

(구매예산)

	1월	2월	3월
매출원가	₩60,000	₩90,000	
기말재고(+)	18,000	14,400	
기초재고(−)		18,000	
(현금)구매액		₩86,400	

2월의 현금증가액 = ₩115,000 − ₩86,400 − ₩8,500 = ₩20,100

주관식

[6–1]

2004년 2/4분기 생산량은 = 9,000 + (8,000 × 30%) − (9,000 × 30%) = 8,700

원재료 A의 소요량 = 8,700 × 3 = 26,100

원재료 A의 구매량 = 26,100 + 5,000 − 5,000 = 26,100

[6–2]

생산량예산:

예상판매량	10,000개
기말목표재고량	4,000
총필요량	14,000개
기초재고량	(3,000)
목표생산량	11,000개

구입예산 :

목표생산량의 생산에 필요한 수량 11,000kg*

기말목표재고량	2,000
총필요량	13,000kg
기초재고량	(1,000)
목표구입량	12,000kg

[6-3]

판 매 량	1,000,000단위
적정기말재고량	200,000
합 계	1,200,000
기초재고량	100,000
예산생산량	1,100,000단위

[6-4]

제조원가예산을 산출하기 위해서는 먼저 생산량 예산을 산출해야 한다.

1. 생산량예산

판 매 량	100,000단위
적정기말제품재고량	5,000
합 계	105,000
기초제품재고량	0
생 산 량 예 산	105,000단위

2. 제조원가예산

직접재료비예산	₩100×105,000=	₩10,500,000
직접노무비예산	50×105,000=	5,250,000
제조간접비예산	40×105,000=	4,200,000
당기제품제조원가예산		₩19,950,000

[6-5]

판 매 량	1,000,000단위
적정기말 제품재고량	480,000
합 계	1,480,000
기초제품재고량	600,000
생산량예산	880,000
단위당 재료소비량	15kg
생산소비량	13,200,000kg
적정기말 원재료 재고량	1,800,000

합 계	15,000,000kg
기초원재료 재고량	1,400,000
원재료 구입량 예산	13,600,000kg

[6-6]

1. 원재료 구입예산

제품 A(단위 : kg)

기 초	50,000*	매출	600,000
재공품	730,000	기말	180,000**
	780,000		780,000

재공품(단위 : kg)

기초	10,000	제품	730,000
재료	720,000		0
	730,000		730,000

원재료(단위 : kg)

기초	14,000	재공품	720,000
구입	706,000		0
	720,000		720,000

* : 기초제품 10,000단위×5kg＝50,000kg
** : 예상판매수량 120,000×30%×5kg＝180,000

∴ 20×4년 원재료 구입량 : 706,000kg

[6-7]

	2월 회수	3월 회수	4월 회수	4월 말 채권
2월분 매출	60%	40%×40%	40%×60%	4월 중 모두 회수
3월분 매출		60%	40%×40%	40%×60%
4월분 매출			60%	40%

따라서 ₩200,000×40%×60%＋₩300,000×40%＝₩168,000

[6-8]

	제품 A	제품 B	제품 C	계
매 출 액	₩960,000	₩1,440,000	₩3,600,000	₩6,000,000
변동원가	680,000	600,000	2,320,000	3,600,000
공헌이익				₩2,400,000
고정원가				2,600,000
법인세차감전순이익				(₩200,000)
법 인 세				0
순이익(손실)				₩(₩200,000)

[6-9]

	1월	2월
매출원가	₩350,000×80%=₩280,000	420,000×80%=₩336,000
월초재고(−) 월말재고(+)	0 ₩336,000×30%=100,800	100,800 ₩360,000×30%=108,000
당기 상품구입예산	₩380,800	₩343,200
1월 매입분지출 2월 매입분지출		₩380,800×30%=114,240 ₩343,200×50%=171,600
2월 현금지출액		₩285,840

[6-10]

- 2월의 매출원가=₩2,050,000÷1.25=₩1,640,000
- 3월의 매출원가=₩1,900,000÷1.25=₩1,520,000
- 2월의 구입액=매출원가+기말재고−기초재고

  =₩1,640,000+₩1,520,000×30%−₩1,640,000×30%=₩1,604,000
- 2월의 대금지급액=1월 구입액의 40%+2월 지급액의 60%

  =₩1,545,000×40%+₩1,604,000×60%=₩1,580,400

[6-11]

1. 3월과 4월의 추정매입액을 a, b라 하자.

   a×{1−(3월지급분 0.7)−(4월지급분 0.2)}=₩36,400

   따라서 a=₩364,000 ⇒ 3월의 추정매입액

   b×{(1−(3월지급분인 0.7)}=₩100,800 따라서 b=₩336,000

2. 매입대금 지급액

매입월	5월	6월	7월
매출원가 기말상품재고액 기초상품재고액 상품매입액	₩210,000{매출액×(1−매출총이익률)} 112,000(다음달 매출원가의 40%) (84,000) ₩238,000	₩280,000 140,000 (112,000) ₩308,000	350,000원

[6-12]

1. 추정매출액

   6월의 추정매출액을 x, 7월의 추정매출액을 y라 하면,

$x \times (1-0.5-0.3) =$ ₩1,000,000 따라서 $x =$ ₩5,000,000

$y \times (1-0.5) =$ ₩1,000,000 따라서 $y =$ ₩2,000,000

2. 8월 매출대금 회수액

매출월	매출액	회수월(8월)	
6월	₩5,000,000	₩5,000,000 × 15% =	₩750,000
7월	2,000,000	2,000,000 × 30% =	600,000
8월	4,000,000	4,000,000 × 45% =	1,800,000
합계			₩3,150,000

* 매출대금 회수율

8월 회수율 :	50×0.9 =	45%
7월 회수율 :		30
6월 회수율 :		15
할인 및 회수불능	50×0.1+5 =	10
		100%

[6-13]

※ 월별 현금회수액과 현금지출액을 계산한다.

	매출액	현금회수액			
		9월	10월	11월	12월
7월	₩9,000,000*	₩1,170,000	₩ −	₩ −	₩ −
8월	8,700,000**	2,610,000	1,131,000	−	−
9월	6,500,000	3,575,000	1,950,000	845,000	−
10월	5,400,000	−	2,970,000	1,620,000	702,000
11월	6,600,000	−	−	3,630,000	1,980,000
12월	6,300,000	−	−	−	3,465,000
현금수입예상액		₩7,355,000	₩6,051,000	₩6,095,000	₩6,147,000
현금지출액					
원재료구입대금		₩4,000,000	₩5,250,000	₩5,650,000	₩4,800,000
임금 등 기타비용		1,500,000	1,500,000	1,500,000	1,500,000
현금지출예상액		₩5,500,000	₩6,750,000	₩7,150,000	₩6,300,000
기초현금잔액		500,000	2,355,000	1,656,000	601,000
월말현금잔액		₩2,355,000	₩1,656,000	₩601,000	₩448,000

* : 9월 1월 현재 7월 매출액 중 외상매출금 잔액은 7월 전체 매출액의 85%가 회수되고 난 후의 나머지 금액임.

7월의 매출액 = x라 하면
x × 0.15 = ₩1,350,000
x = ₩9,000,000

** : 9월 1월 현재 8월 매출액 중 외상매출금 잔액은 8월 전체 매출액의 55%가 회수되고 난 후의 나머지 금액임.
8월의 매출액 = x라 하면
x × 0.45 = ₩3,915,000
x = ₩8,700,000

1. ₩6,051,000
2. ₩2,355,000
3. ₩1,656,000

[6-14]

1. 현금회수액

	3월 매출액	4월 매출액	5월 매출액
매출	₩60,000	₩72,000	₩80,000
5월회수분	×0.8×0.2=	×0.8×0.7=	×(0.2+0.8×0.1)=
	₩9,600	₩40,320	₩22,400

2. 상품매입액

상 품

기 초	9,600	매출원가	48,000
매 입	55,200	기 말	16,800(₩84,000×0.2)

3. 현금지출액

5월 매입액	₩27,600(₩55,200×0.5)
외상매입금잔액	23,400
판매관리비	21,600
장비구입	9,000
	₩81,600

[6-15]

1. 생산예산수량

	3월		4월	
	갑 제품	을 제품	갑 제품	을 제품
판매수량	4,000	2,500	3,000	2,000
월말제품재고	1,500*1	1,000	1,800	1,200

합계	5,500	3,500	4,800	3,200
월초제품재고	2,000[*2]	1,250	1,500	1,000
당월생산량	3,500	2,250	3,300	2,200

*1 3,000×50%=1,500

*2 4,000×50%=2,000

2. 구매예산

	A재료	B재료
생산소요량	9,250[*1]	10,250
월말원재료재고	2,640[*2]	2,970
합계	11,890	13,220
월초원재료재고	2,775[*3]	3,075
당월구매량	9,115	10,145
당월구매금액	₩45,575	₩101,450

*1 3,500×2+2,250×1=9,250

*2 (3,300×2+2,200×1)×30%=2,640

*3 9,250×30%=2,775

3. 현금예산

현금수입	
2월매출	₩475,000[*1]
3월매출	450,000
합계	₩925,000
현금지출	
직접재료구입대금지급	₩147,025[*2]
직접노무원가지급	48,000[*3]
변동제조간접원가지급	35,500[*4]
고정제조간접원가지급	48,750[*5]
변동판매관리비	15,500[*6]
고정판매관리비	50,000
합계	₩344,775
현금순유입액(지출액)	₩580,225

*1 (3,500×100+3,000×200)×50%=₩475,000

*2 45,575+101,450=₩147,025

*3 3,500×3×2+2,250×4×3=₩48,000

*4 3,500×5+2,250×8=₩35,500

*5 3,500×10+2,250×15−20,000=₩48,750
*6 4,000×2+2,500×3=₩15,500

4. 예산 손익계산서

매출액		₩900,000
매출원가		
기초제품재고	₩177,750[*1]	
당기제품제조원가	301,000[*2]	
기말제품재고[*3]	131,500[*4]	347,250
매출총이익	₩552,750	
판매관리비		
변동원가	₩15,500	
고정원가	50,000	65,500
당기순이익	₩487,250	

*1 2,000×42+1,250×75=₩177,750
*2 3,500×41+2,250×70=₩301,000
*3 선입선출법을 적용한 것임.
*4 1,500×41+1,000×70=₩131,500

자본예산

객관식

[7-1] ③

회수기간법은 투자원본의 회수기간을 기준으로 평가하므로 현금흐름의 불확실성 등 위험이 큰 투자안의 평가에 바람직하다.

[7-2] ①

CBS(자본예산제도)는 1937년 스웨덴에서 예산의 경기조절기능을 위해 도입하였다. 즉, (i) 불황기에 사회간접자원에 대한 투자를 통해 경기회복을 추진하되 적자예산(채권발행)을 통해 그 비용을 보전하고, (ii) 호황기에 정부의 재정지출을 줄이되(흑자예산의 편성) 부채를 상환함으로써 장기적인 재정의 균형을 추구하는 것이다. 미국의 일부 주정부에서 도입한 것은 1970년대 스태그플레이션 시기에 재정파탄을 방지하기 위해 채권관리 합리성을 위한 것이었다.

① ④ CBS는 경기안정화 기능을 수행한다. 그러나, 적자재정을 편성하기 때문에 재정안정성(건정성)은 악화된다.

③ 그러나 불황기에 적자예산을 편성하지만, 호황기에 흑자예산을 통해 부채를 상환하는 방식을 통해 경기조절 기능을 수행하기 때문에, 자본적 지출에 충당하기 위한 공채의 발행은 정부재정의 건전성 요구에 위배되지 않는다.

② 자본예산은 사회간접자본을 대상으로 편성되기 때문에 다년도 예산을 수반한다.

[7-3] ③

① 내부수익률법은 화폐의 시간가치를 고려하는 방법이다.

② 일반적으로 단일투자안을 평가할 때는 NPV법과 IRR법이 동일한 결과를 가져온다.

④ PV법은 가치의 합계원칙이 적용되므로 복수투자안의 NPV는 개별투자안 각각의 NPV를 합산한 것과 같다.

[7-4] ③

① 내부수익률법과 순현재가치법은 복리계산을 적용한다.

② 특정 투자안의 수락 타당성에 대해 두 방법은 일반적으로 같은 결론을 제공하며 예외적으로 다른 결론이 나타날 수 도 있다.

④ 순현가법은 미래현금흐름이 존재하면 대부분 적용되므로 분석 시점에 초기 투자액이 없

는 경우에도 사용할 수 있다.

[7–5] ①

설비투자의 현재가치를 계산할 때 이자비용 등은 직접적으로 고려되지 않고 자본비용의 형태로 할인율에 반영된다.

[7–6] ②

나. 내부수익률법은 투자안의 내부수익률을 계산하므로 여러 수준의 요구수익률을 사용하여 분석할 수 없다.

라. 순현재가치법은 미래현금흐름이 존재하면 대부분 적용되므로 분석시점에 초기 투자액이 없는 경우에도 사용할 수 있다.

[7–7] ④

투자기간의 수익에서 감가상각비를 차감해야 순이익을 계산할 수 있으므로 회계적이익률법에서는 감가상각비를 고려하게 된다.

[7–8] ③

구자산처분가액 − (구자산처분가액 − 구자산장부가액) × 법인세

$= 300{,}000 - (300{,}000 - 400{,}000) \times 0.3 = 330{,}000$

[7–9] ③

$CF = (S - O)(1 - t) + D \cdot t$

$= (10{,}000 + 7{,}000 - 6{,}000)(1 - 0.4) + 5{,}000 \times 0.4$

$= 8{,}600$

[7–10] ③

50,000 = 20,000 × 연금현가계수(i, 3) 따라서 연금현가계수(i, 3) = 2.5

IRR은 9~10%에 있다. 이를 보간법으로 풀면

$$IRR = 9\% + \frac{2.531 - 2.5}{2.531 - 2.487} = 9.7\%$$

[7–11] ②

[6,000,000원 × 0.89 + 5,000,000원 × 0.8 + 4,000,000원 × 0.71] − 10,000,000원 = 2,180,000원

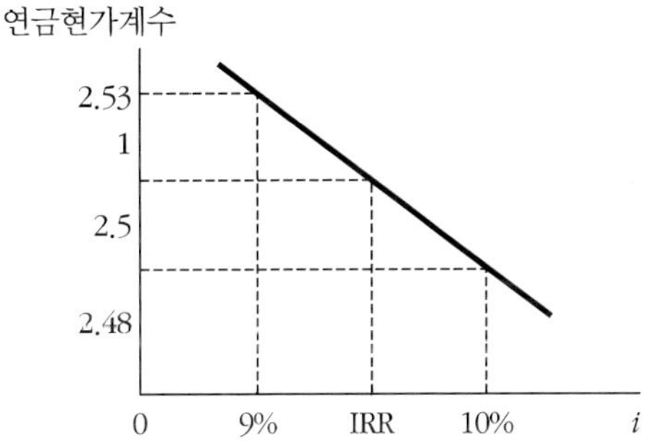

[7-12] ②

항목	산식	결과
연간 세후 현금흐름 [Q: 생산(판매)량]	(매출액 − 변동비 − 고정비) × (1 − 법인세율) + 감가상각비 감세효과 = (₩550 × Q − ₩350 × Q − ₩600,000) × (1 − 30%) + (₩1,000,000 ÷ 5년) × 30%	₩140 × Q − 360,000원
전용 기계 도입이 유리하기 위한 최소 생산(판매)량	(₩140 × Q − ₩360,000) × 3.791 > ₩1,000,000	Q > 4,456 단위 (≒4,455.59)

[7-13] ④

- 장부가액: 150,000 − (150,000/6년×2년) = 100,000
- 현금흐름: − 200,000 + 40,000 − (40,000 − 100,000)×0.4 = − 136,000

[7-14] ③

- CF_0 = − 3,000,000
- $CF_{1\sim2}$ = 110,000 × 20 − 110,000 × 1.1 × 5 − 110,000 = 1,485,000
- CF_2 = 550,000
- NPV: 1,485,000 + 1,485,000/1.1 + 550,000/1.1 − 3,000,000 = 335,000

[7-15] ③

- 현금흐름

  CF_0 = − 120,000

  $CF_{1\sim3}$ = Q − 80,000
- NPV

  − 120,000 + 2.32(Q − 80,000) > 0

  ∴ Q > 131,724개

주관식

[7–1]

1. 기계구입시 매년 당기순이익 증가액

	1차년도	2차년도	3차년도
매 출 액	₩120,000	₩120,000	₩120,000
직접노무비절감액	50,000	50,000	50,000
현금지출비용	(100,000)	(100,000)	(100,000)
감가상각비	(50,000)	(50,000)	(50,000)
당기순이익	₩20,000	₩20,000	₩20,000

2. 연도별 영업현금흐름

	1차년도	2차년도	3차년도
매 출 액	₩120,000	₩120,000	₩120,000
직접노무비절감액	50,000	50,000	50,000
현금지출비용	(100,000)	(100,000)	(100,000)
영업현금흐름	₩70,000	₩70,000	₩70,000

* 당기순이익을 이용한 영업현금흐름의 추정

당기순이익	₩20,000	₩20,000	₩20,000
감가상각비	50,000	50,000	50,000
영업현금흐름	₩70,000	₩70,000	₩70,000

[7–2]

1. 취득시점의 현금흐름

현금지출액		
신기계구입	₩500,000	
현금유입액		
구기계의 처분	₩100,000	
처분손실의 세금효과	15,000*	115,000
순현금유출액		₩385,000

* 기계장치의 처분손실 = ₩150,000 − ₩100,000 = ₩50,000
  세금효과 = ₩50,000 × 30% = ₩15,000

2. 투자기간 동안의 현금흐름

세후 현금 운영비 절감액	₩120,000 × (1 − 0.3)	₩84,000
감가상각비의 세금효과*	₩100,000 × 0.3	30,000

투자기간의 세후 현금흐름	₩114,000

* 신기계의 연간감가상각비 = ₩150,000
구기계의 연간감가상각비 = ₩50,000
연간감가상각비증가액 = ₩150,000 − ₩50,000 = ₩100,000

3. 투자종료시점의 현금흐름
→ 투자종료시점의 현금흐름은 기계장치의 잔존가액와 운전자본의 회수액으로 이루어진다. 본 문제에서는 운전자본의 회수액이 없기 때문에 투자종료시점의 현금흐름은 잔존가액(₩50,000)밖에 없다.

[7-3]

1. 순현재가치법에 따른 투자안 평가

연변동원가절감액(₩2 × 6,500단위)	₩13,000
연금현가요소(5년, 13%)	× 3.51
연원가절감액의 현가	₩45,630
최초투자액	(35,100)
순현가	₩10,530

∴ 신형모터를 구입하는 것이 바람직하다.

2. 순현재가치가 0이 되는 연간수요량
투자안의 순현가가 ₩0이 되는 연수요량을 x라 하면 현가분석은 다음과 같다.

연변동원가절감액	$2x$
연금현가요소	× 3.51
총현가	₩35,100
투자액	(35,100)
순현가	₩0

따라서, x = ₩35,100 ÷ 3.51 ÷ ₩2
= 5,000단위

∴ 제품에 대한 수요가 매년 5,000단위가 되면, 즉 현재의 예상보다 매년 1,500단위가 하락하게 되면 경영진은 새로운 부착품을 구입하는 것과 현재 사용중인 기계를 계속 사용하는 것을 동등하게 생각할 것이다.

[7-4]

• 현금흐름
$CF_0 = -10,000$

$CF_{1\sim3} = (15Q - 150{,}000) \times (1 - 0.3) + 3{,}000 \times 0.3 = 10.5Q - 104{,}100$

$CF_3 = 1{,}000$

- NPV

$-10{,}000 + (10.5Q - 104{,}100) \times 2.49 + 1{,}000 \times 0.75 = 0$

$\therefore$ Q=10,268개

[7–5]

1. 회수기간법

$$기계A = 1년 + \frac{₩200{,}000}{₩300{,}000} = 1.67년$$

$$기계B = 2년 + \frac{₩100{,}000}{₩200{,}000} = 2.5년$$

∴ 기계A의 회수기간이 짧기 때문에 기계A를 선택하여야 한다.

2. 회계적이익률법

기계A의 연간순이익

	1차년도	2차년도	3차년도	4차년도
현금유입액	₩300,000	₩300,000	₩0	₩0
감가상각비	112,500	112,500	112,500	112,500
순 이 익	₩187,500	₩187,500	₩(112,500)	₩(112,500)

$$연평균\ 순이익 = \frac{₩187{,}500 + ₩187{,}500 - ₩112{,}500 - ₩112{,}500}{4}$$

$$= ₩37{,}500$$

기계B의 연간평균순이익:

	1차년도	2차년도	3차년도	4차년도
현금유입액	₩200,000	₩200,000	₩200,000	₩200,000
감가상각비	112,500	112,500	112,500	112,500
순 이 익	₩87,500	₩87,500	₩87,500	₩87,500

연평균 순이익=₩87,500

회계적이익률:

$$기계A = \frac{₩37{,}500}{₩500{,}000} = 7.5\%$$

$$기계B = \frac{₩87{,}500}{₩500{,}000} = 17.5\%$$

∴ 기계B의 회계적이익률이 높기 때문에 기계B를 선택하여야 한다.

[7–6]

1. 두가지 투자안의 회수기간은 모두 2년으로 동일하다. 즉, Project B의 경우 2차년도까지의 현금유입액은 ₩100,000이므로 회수기간이 2년이다. 따라서 회수기간법에 의하면 두 가지 투자안은 무차별하다.

2. Project A가 Project B보다 ₩50,000을 일찍 회수시켜 줄 뿐만 아니라 회수기간이 지난 후에도 더 많은 현금유입액이 발생하기 때문에 Project A가 보다 더 바람직하다고 할 수 있다. 회수기간법의 단점인 화폐의 시간적 가치를 고려하지 않았다.

[7–7]

1. 각 투자안의 수익성지수 산출

투자안	수익성지수
1	₩43,600 ÷ ₩40,000 = 1.09
2	28,500 ÷ 25,000 = 1.14
3	26,880 ÷ 24,000 = 1.12
4	27,500 ÷ 25,000 = 1.1
5	19,013 ÷ 20,000 = 0.95

2. 각 투자안의 우선순위

	우선순위	
투자안	내부수익률	수익성지수
1	3	4
2	4	1
3	2	2
4	1	3
5	5	5

3. 투자안 평가방법

내부수익률법은 투자로부터 회수된 자금을 내부수익률로 재투자한다고 가정하는 반면에 수익성지수법은 투자로부터 회수된 자금을 기업의 최저필수수익률(자본비용)로 재투자한다고 가정한다. 투자안의 내부수익률로 재투자한다는 가정은 너무 낙관적이다. 일반적으로 수익성지수법이 경쟁적인 투자안의 우선순위결정에 있어서 보다 신뢰할 수 있는 방법으로 간주되고 있다.

[7–8]

연간법인세차감후 이익과 법인세차감후 현금유입액을 계산하면 다음과 같다.

법인세차감전 영업현금유입액	₩20,000
감가상각비	(10,000)*
법인세차감전 이익	₩10,000
법인세(40%)	(4,000)
법인세차감후 이익	₩6,000
감가상각비	10,000
법인세차감후 현금유입액	₩16,000

* (₩100,000 − ₩20,000) ÷ 8년 = ₩10,000

1. 회수기간: ₩100,000/₩16,000 = 6.25년
2. 최초투자액에 대한 회계적이익률: ₩6,000/₩100,000 = 6%
3. 평균투자액에 대한 회계적이익률: ₩6,000/₩60,000* = 10%

   * (₩100,000 + ₩20,000) ÷ 2 = ₩60,000
4. 10%의 할인율을 적용하여 신형기계의 순현가를 계산하면 다음과 같다.

연간현금유입액의 현가(₩16,000 × 5.335)	₩85,360
잔존가치의 현가(₩20,000 × 0.467)	9,340
현금유입액의 총현가	₩94,700
최초투자액	(100,000)
순현가	₩(5,300)

5. 내부수익률법

   잔존가치가 존재하므로 법인세차감후 현금유입액이 매년 일정하지 않다. 따라서 시행착오법을 사용하여 내부수익률을 계산하여야 한다. 8%의 할인율을 적용하여 신기계의 순현가를 계산하면 다음과 같다.

연간현금유입액의 현가(₩16,000 × 5.747)	₩91,952
잔존가치의 현가(₩20,000 × 0.54)	10,800
현금유입액의 총현가	₩102,752
최초투자액	(100,000)
순현가	₩2,752

순현가가 양수이므로 다음에는 10%의 할인율을 적용하여 신기계의 순현가를 다음과 같이 계산한다.

연간현금유입액의 현가(₩16,000 × 5.335)	₩85,360
잔존가치의 현가(₩20,000 × 0.467)	9,340

현금유입액의 총현가	₩94,700
최초투자액	(100,000)
순현가	₩(5,300)

순현가가 음수이므로 내부수익률은 10%보다 작다. 즉, 내부수익률은 8%보다 높고 10%보다 낮다. 보간법을 사용하여 내부수익률을 보다 정확히 계산하면 다음과 같다.

8% :	₩102,752	₩2,752 (8%~?%)	₩8,052 (8%~10%)
?% :	100,000		
10% :	94,700		

$\therefore$ 내부수익률 $= 8\% + 2\% \times \dfrac{₩2,752}{₩8,052} = 8.68\%$

[7-9]

비용절감에 의한 현금흐름 = 1,200 × (1 − .55)	₩540
감가상각비에 의한 절세금액 = 834.80 × .55	459.14
신기계 구입시 연간 증분현금유입액	₩999.14

₩999.14 × 내부수익률의 10년 연금현가계수 = ₩8,348

∴ 내부수익률의 10년 연금현가계수 = 8.355

할인율 5%의 10년 연금현가계수 = 7.722

∴ 내부수익률이 이자율 5%보다 낮게 나오므로 대체해서는 안된다.

[7-10]

A기계

기계구입대금	₩1,600,000 × 1.00 =	(₩1,600,000)	
연간노무비	700,000 × 6.1446 =	(4,301,220)	
잔존가치회수액	300,000 × 0.3855[#1] =	115,650	
순현재가치		(₩5,785,570)	

B기계

기계구입대금	₩2,600,000 × 1.00 =	(₩2,600,000)	
연간노무비	500,000 × 3.7908 =	(1,895,400)	
잔존가치회수액	600,000 × 0.6209 =	372,540	(4,122,860)
다음 5년간의 순현재가치	(4,122,860) × 0.6209[#2] =		(2,559,884)
순현재가치			(₩6,682,744)

∴ A기계에 들어가는 비용이 B기계보다 ₩897,174 만큼 적기 때문에 A기계를 구입한다.

#1. $\frac{1}{(1.10)^{10}}$ =.3855 (10% 할인율의 10년 동안 ₩1의 현재가치)

#2. 지금 시점에서 B기계의 순현재가치는 −₩4,122,860이다. 따라서 5년후 B기계와 똑같은 기계를 살 경우 그 기계의 현재가치는 −₩4,122,860×.6209[#3]

#3. $\frac{1}{(1.10)^{5}}$ =0.6209 (10% 할인율의 5년 동안 ₩1의 현재가치)

[7-11]

1. 회수기간

투자안 A: $3\frac{1}{3}$년 or 4년

투자안 B: 5년

투자안 C: $3\frac{1}{3}$년 or 4년

* 자본예산에서는 현금흐름이 매년말에 발생한다고 가정한다. 따라서 이 가정에 의하면 회수기간은 4년이 되고 현금흐름이 1년동안 평균적으로 발생한다고 가정하면 회수기간은 $3\frac{1}{3}$년이 된다.

2. 회계적 이익률법

투자안 A	$\frac{₩60,000}{₩100,000}$ = 60.0%
투자안 B	$\frac{₩40,000}{₩100,000}$ = 40.0%
투자안 C	$\frac{₩53,333}{₩100,000}$ = 53.3%

* 320,000÷6≒₩53,333

3. 순현재가치법

투자안 A: ₩60,000×4.1002−₩200,000=₩46,012

투자안 B: ₩40,000×7.0236−₩200,000=₩80,944

투자안 C: ₩60,000×3.3872=₩203,232

₩40,000×0.7130= 28,520

₩40,000×0.6630= 26,652

(200,000) ₩58,404

4. 수익성지수법

투자안 A	$\frac{₩246,012}{₩200,000}=123.01\%$
투자안 B	$\frac{₩280,944}{₩200,000}=140.47\%$
투자안 C	$\frac{₩258,404}{₩200,000}=129.20\%$

[7–12]

$CF_0=-I$

$CF_{1\sim7}=80,000$

$NPV=80,000\times4.564-I=12,720$

$\therefore\ I=352,400$

[7–13]

취득원가를 P라 하면

• 세후이익 = (세전영업현금흐름 − 감가상각비) × (1 − t)

$=(11,250-0.1P)\times(1-0.2)$

$=9,000-0.08P$

• 회계적이익률

$$\frac{9,000-0.08P}{P}=0.1$$

$\therefore\ P=50,000$

[7–14]

연금의 현가에 대한 표(appeddix)를 보면, 10기간에 14%이면 5.2161이다.

1. 회수기간 = ₩110,000 ÷ ₩28,000 = 3.93년

2. 순현재가치 = ₩28,000 × 5.2161 − ₩110,000
   = ₩146,051 − ₩110,000 = ₩36,051

3. 내부수익률:

   ₩110,000 = ₩28,000의 x%로 10년간의 연금의 현가 또는 연금의 현가표에서의 (F)요소는 다음의 등식을 만족시킨다.

   ₩110,000 = ₩28,000F

   F = ₩110,000 ÷ ₩28,000 = 3.929

연금의 현가표에서의 10년 선에서 3.929에 가까운 컬럼을 찾으면 이는 20%와 22%사이이다.

	현재가치 요소	
20%	4.192	4.192
IRRrate	−	3.929
22%	3.923	−
차이	0.269	0.263

$$내부수익률 = 20\% + \left(\frac{0.263}{0.269}\right)(2\%)$$

$$= 20\% + (0.978)(2\%) = 21.96\%$$

4. 초기투자에 근거한 발생주의 회계투자수익률:

초기투자 = ₩110,000

내용연수 = 10년

연간정액상각 = ₩110,000 ÷ 10 = ₩11,000

$$발생주의회계투자수익률 = \frac{₩28,000 - ₩11,000}{₩110,000} = \frac{₩17,000}{₩110,000} = 15.46\%$$

[7–15]

신설비로 대체시 증분현금흐름

	0	1	2	3	4
1. 신기계구입	₩(5,000,000)				
2. 구기계처분					
처분가액	150,000				
처분손실세금효과	45,000*				
3.신기계처분					₩300,000
4. 세후현금					
영업비절감액**		₩1,596,000	₩1,596,000	₩1,596,000	₩1,596,000
5. 감가상각비		564,000	423,000	282,000	141,000
감세효과***					
	₩(4,805,000)	₩2,160,000	₩2,019,000	₩1,878,000	₩2,037,000

* 처분손실 = 장부가액 − 처분가액 = ₩300,000 − ₩150,000 = ₩150,000

처분손실의 감세효과 = 처분손실 × 세율 = ₩150,000 × 0.3 = ₩45,000

** 외부구입비감소 120,000 × 30 = ₩3,600,000

현금영업비증가 120,000 × ₩11**** = 1,320,000

₩2,280,000

세후 현금영업비절감액 = ₩2,280,000 × (1 − 0.3) = ₩1,596,000

*** 감가상각비 감세효과

연도	감가상각비			감가상각비감세효과
1	4,700,000 × 4/10	=	₩1,880,000	₩564,000
2	4,700,000 × 3/10	=	1,410,000	423,000
3	4,700,000 × 2/10	=	940,000	282,000
4	4,700,000 × 1/10	=	470,000	141,000

**** 단위당 현금영업비용

직접재료비	₩7(₩5 + ₩2)
직접노무비	3(₩4 − ₩1)
변동제조간접비	1(₩2 − ₩1)
단위당 현금영업비용	₩11

※ 기타고정제조간접비 ₩300,000은 현금지출을 수반하지만 자가제조 또는 외부구입에 관계없이 계속발생하므로 관련원가가 아니다. 또한, 구기계처분은 두 가지 상황에서 항상 발생하므로 관련원가가 아니다.

순현재가치 = − ₩4,805,000 + ₩2,160,000 × 0.909 + ₩2,019,000 × 0.826
+ ₩1,878,000 × 0.751 + ₩2,037,000 × 0.683
= ₩1,627,783

∴ 신설비 대체시 증분현금흐름의 순현재가치가 ₩1,627,783이므로 신설비 대체가 유리하다.

제 8 장 표준원가계산

객관식

[8-1] ③

정상적인 원가차이는 금액이 중요하지 아니하면 매출원가에서 가감하며, 금액이 중요하면 매출원가, 기말제품재고, 기말재공품재고에 안분하여야 한다. 따라서 중요한 경우에는 매출원가에도 배부하므로 기말재고에 배부한다는 설명은 잘못된 것이다.

[8-2] ②

나. ~실제생산량에 허용된 표준수량이다.

[8-3] ④

~능률차이가 존재하지 않는다.

[8-4] ①

ㄱ. ~ 원가절감을 유도할 수 있다.

ㄴ. 표준에서 크게 벗어나는 차이에 대해 특별히 관심을 가지고 관리(예외관리)

[8-5] ①

K-IFRS 제1002호 재고자산 문단 21

"표준원가법 등의 원가측정방법은 그러한 방법으로 평가한 결과가 실제 원가와 유사한 경우에 편의상 사용할 수 있다."

[8-6] ③

실제	AQ×SP	표준
₩6,300,000	₩6,904,000	₩6,249,000

소비차이 ₩604,000(F)

능률차이 ₩655,000(U)

[8-7] ①

실제	AQ×SP	표준
₩580,000	₩500,000	500개×1.2시간×₩1,000*

예산차이	조업도차이
₩80,000(U)	₩100,000(F)

* ₩500,000÷500시간=₩1,000

[8-8] ④

실제	AQ×SP	표준
₩4,000,000	₩5,200,000	2,000개×24시간×SP

임률차이	능률차이
₩1,200,000(F)	₩400,000(U)

※ SP=₩100 AQ=52,000시간

[8-9] ①

실제	AQ×SP	표준
7,520×9,500 =₩71,440,000	7,520*×₩10,000 =₩75,200,000	8,000×₩10,000 =₩80,000,000

임률차이	능률차이
₩3,760,000(F)	₩4,800,000(F)

* AQ×₩10,000=₩75,200,000 따라서 AQ=7,520

[8-10] ④

실제	AQ×SP	표준
₩35,000	1,250kg*×₩30 =₩37,500	50개×20kg×₩30 =₩30,000

가격차이	수량차이
₩2,500(F)	₩7,500(U)

* 실제수량=₩35,000÷28=1,250Kg

[8-11] ⑤

변동제조간접원가 차이분석

실제	AQ×SP	표준
₩5,000,000	51,000시간×₩100 =₩5,100,000	10,000개×5시간×₩100 =₩5,000,000

소비차이	능률차이
₩100,000(F)	₩100,000(U)

고정제조간접원가 차이분석

실제	예산	표준
₩2,000,000	₩1,800,000	10,000개×₩1,800,000/5,000개 =₩3,600,000

예산차이	조업도차이
₩200,000(U)	₩1,800,000(F)

[8-12] ①

제조간접원가의 능률차이는 변동제조간접원가에서만 발생함

실제	AQ×SP	표준
	30,000시간×₩100* =₩3,000,000	8,000개×5시간×₩100 =₩4,000,000

능률차이
₩1,000,000(F)

* SP : ₩5,000,000/(10,000개×5시간)=₩100

[8-13] ①

고정제조간접원가의 SP : ₩120,000÷25,000시간=₩4.8

실제	예산	표준
₩124,700	25,000시간×₩4.8 =₩120,000	12,200개×2시간×₩4.8 =₩117,120

예산차이	조업도차이
₩4,700(U)	₩2,880(U)

[8-14] ①

실 제	AQ×SP	표 준
3,200kg×₩11 =₩35,200	3,200kg×₩14 =₩44,800	3,000kg×₩14 =₩42,000

가격차이 9,600(F)　　수량차이 2,800(U)

- 표준재료원기 : ₩35,200+₩9,600−₩2,800=₩42,000
- 표준단가(SP) : (₩35,200+₩9,600)/3,200kg=₩14
- 표준수량(SQ) : ₩42,000/₩14/2,000개=1.5kg

[8-15] ②

AQ×SP	SQ×SP
10,500×₩3 ₩31,500	5,000×2시간×₩3 ₩30,000

능률차이 ₩1,500(U)

주관식

[8-1]

- 구매시점

1.

실제원가	실제량에 의한 표준원가
실제구매량×실제가격	실제구매량×가격표준
16,000kg×₩27.5=₩440,000	16,000kg×₩27=₩432,000

가격차이 ₩8,000(U)

	실제생산량에 허용된 표준원가
실제투입량×가격표준	표준허용수량×가격표준
12,000×₩27=₩324,000	5,000×2×₩27=₩270,000

수량차이 ₩54,000(U)

2.

실제원가	실제투입량에 의한 표준원가	실제생산량에 허용된 표준원가
실제투입량×실제가격	실제투입량×실제가격	표준허용수량×가격표준
16,000×₩2.5=₩40,000	16,000×₩2.6=₩41,600	5,000×3×₩2.6=₩39,000

임률차이 ₩1,600(F) | 능률차이 ₩2,600(U)

3.

실제원가	실제투입량에 의한 표준원가	실제생산량에 허용된 표준원가
₩28,000	16,000×₩2.2=₩35,200	5,000×3×₩2.2=₩33,000

소비차이 ₩7,200(F) | 능률차이 ₩2,200(U)

4.

실제원가	고정제조간접원가 예산	표준배부액
₩80,000	18,000×₩5.0=₩90,000	5,000×3×₩5.0=₩75,000

예산차이 ₩10,000(F) | 조업도차이 ₩15,000(U)

[8-2]

기말제품에는 차이안분 전까지 표준원가로 계상되어 있음

기말제품수량 : 0+450−400=50

기말제품의 표준재료원가 : (50×2)×SP=₩500 ∴ SP=5

AQp×AP	AQp×SP	AQ×SP	SQ×SP
1,000×6.5 =6,500	1,000×5 =5,000	960×5 =4,800	(450×2)×5 =4,500

가격차이 ₩1,500(U)　　수량차이 ₩300(U)

[8-3]

실제	AQ×SP	표준
₩5,200,000	AQ×₩100* =₩5,350,000	2,000개×25시간×₩100* =₩5,000,000

임률차이 ₩150,000(F)　　수량차이 ₩350,000(U)

* 2,000개×25시간×SP=₩500,000
SP=₩100

따라서 AQ=53,500시간

[8–4]

실제	AQ×SP	표준
	따라서	1,000단위×12시간×(x)
₩2,000,000	₩2,200,000	=₩2,640,000
임률차이 ₩200,000(F)		능률차이 ₩440,000(F)

따라서 표준임률(x)=₩220

[8–5]

변동제조간접원가

실제	AQ×SP	표준
	800시간×₩6,000	750시간×₩6,000
	=₩4,800,000	=₩4,500,000
소비차이		능률차이 ₩300,000(U)

SP=₩6,000,000/1,000시간=₩6,000

따라서 투입시간은 750시간

고정제조간접원가

실제	예산	표준
	1,000시간×₩8,000	750시간×₩8,000
	=₩8,000,000	=₩6,000,000
		조업도차이 ₩2,000,000(U)

[8–6]

실제	AQ×SP	표준
	20,000kg ×₩64	1,000개×21kg×₩64
₩1,400,000	=₩1,280,000	=₩1,344,000
가격차이 ₩120,000(U)		수량차이 ₩64,000(F)

(AQ−1,000개×₩21)×₩64=₩64,000(F) 따라서 AQ=20,000kg

[8-7]

고정제조간접비 표준배부율 : ₩7.5－₩2.5＝₩5

예산	배부
₩550,000	₩600,000＝120,000×₩5

₩50,000 유리

따라서 표준허용시간＝120,000시간

[8-8]

고정제조간접원가배부율＝₩54,000/12,000시간＝₩4.5

고정제조간접원가 예산	표준원가
₩54,000	₩67,500＝15,000×₩4.5

₩13,500 유리

따라서 조업도 차이는 13,500 유리

[8-9]

실제직접노무시간＝x, 실제생산량＝y

실제	AQ×SP	표준 표준허용수량×표준배부율
₩20,000	$x\times3$	$y\times4\times3$

소비(예산)차이 4,000(F)　　능률차이 6,000(F)

• 실제직접노무시간(x) : ₩20,000－x×₩3＝－4,000　　따라서 x＝8,000시간
• 실제생산량(y) : 8,000시간×3－y×4×₩3＝－6,000　　따라서 y＝2,500개

[8-10]

	예산	배부
기준조업도 12,000개	12,000×₩3＝₩36,000	11,000×₩3＝₩33,000
	₩3,000 불리	
정상조업도 ?	10,000×₩3.6＝₩36,000	11,000×₩3.6＝₩39,600
	₩3,600 유리	

따라서 정상조업도는 10,000개

[8-11]

예산차이＝실제 고정원가－20,000시간×고정원가 표준배부율＝₩30,000 → ①식

조업도차이 = (20,000시간 − 23,000시간*) × 고정원가 표준배부율 = −₩27,000 → ②식

* 배부액 = 표준허용시간 × 변동원가 표준배부율
138,000 = 표준허용시간 × ₩6
∴ 표준허용시간 = 23,000시간

②식에서 고정원가 표준배부율 = ₩9

따라서, ①식에서

예산차이 = 실제 고정원가 − ₩20,000 × 9 = ₩30,000

∴ 실제 고정원가 = ₩210,000

[8-12]

실제	AQ × SP	표준
₩28,000	₩24,000	Q단위 × 9개 × SP = ₩27,000
가격차이 ₩4,000(U)		수량차이 ₩3,000(F)

AQ × ₩35 = ₩28,000 따라서 AQ = 800

800개 × SP = ₩24,000 따라서 SP = ₩30

따라서

Q단위 × 9개 × ₩30 = ₩27,000

Q단위 = 100단위

[8-13]

시간표준 : 6,000시간/1,200단위 = 5시간

고정제조간접원가 표준배부율 : ₩9,000/6,000시간 = ₩1.5

실제	예산	표준
₩9,400	₩9,000	1,300단위 × 5시간 × ₩1.5 = ₩9,750
		조업도차이 ₩750(F)

[8-14]

AQ × SP	total AQ × BM × SP	SQ × SP
20,000kg × ₩50 + Q × ₩20	(20,000 + Q) × 3/5 × ₩50 + (20,000 + Q) × 2/5 × ₩20	6,000개 × 3kg × ₩50 + 6,000개 × 2kg × ₩20 = ₩1,140,000
배합차이 ₩42,000(불리)		수율차이 ₩38,000(불리)

따라서, 20,000kg×₩50+Q×₩20=₩1,140,000+₩42,000+₩38,000이므로 원재료 Y의 실제투입량인 Q는 11,000kg이다.

[8–15]

1. 직접노무원가의 임률차이와 능률차이

	실제시간×실제임률	실제시간×표준임률	표준허용시간×표준임률
1급	11,000×110=1,210,000	11,000×100=1,110,000	5,000×2×100=1,000,000
2급	18,000× 75=1,350,000	18,000× 80=1,440,000	5,000×3× 80=1,200,000
3급	20,000× 60=1,200,000	20,000× 50=1,000,000	5,000×5× 50=1,250,000
합계	₩3,760,000	₩3,550,000	₩3,450,000

임률차이 ₩210,000(U)	능률차이 ₩100,000(U)

2. 직접노무원가의 배합차이와 수율차이

	실제시간×표준임률	실제시간×표준배합×표준임률	표준허용시간×표준임률
1급	11,000×100=1,110,000	49,000×0.2×100= 980,000	5,000×2×100=1,000,000
2급	18,000× 80=1,440,000	49,000×0.3× 80=1,176,000	5,000×3× 80=1,200,000
3급	20,000× 50=1,000,000	49,000×0.5× 50=1,225,000	5,000×5 ×50=1,250,000
합계	₩3,550,000	₩3,381,000	₩3,450,000

배합차이 ₩169,000(U)	능률차이 ₩69,000(F)

객관식

[9-1] ②

해당 책임중심점에 배분된 고정제조간접원가는 책임중심점의 경영자 입장에서는 통제불능원가이므로 성과평가시 제외하여야 한다.

[9-2] ③

① 분권화된 경우 부문경영자들이 의사결정을 자율적으로 하므로 중앙집권적인 경우에 비해 이전가격을 신속하게 결정하기는 어렵다.
② 판매부문은 원가중심점이 아니라 수익중심점 또는 이익중심점이 있다.
④ 준최적화는 투자수익률에서 나타난다.
⑤ 투자규모가 다른 경우의 성과비교는 투자수익률이 더 우수하다.

[9-3] ④

매출수량차이의 정의이다.

[9-4] ①

ROI의 가장 큰 문제점은 준최적화 현상이다. 따라서 ROI를 보상평가기준으로 사용하면 대리인비용이 절감되기 어렵다.

[9-5] ③

항목	변동예산 실제판매량×단위당 예산공헌이익		실제판매량×예산배합비율× 단위당 예산공헌이익		고정예산 예산판매량×단위당 예산공헌이익	
A	630개×₩100	=₩63,000	2,100개×1/4×₩100	=₩52,500	500개×₩100	=₩50,000
B	1,470개×₩40	= 58,800	2,100개×3/4×₩40	= 63,000	1,500개×₩40	= 60,000
계	2,100개	₩121,800		₩115,500		₩110,000
		매출배합차이 ₩6,300(유리)		매출수량차이 ₩5,500(유리)		

[9–6] ①

잔여이익(A): ₩300,000 − (₩1,300,000 × 15%) = ₩105,000

잔여이익(B): ₩330,000 − (₩1,200,000 × 19%) = ₩102,000

잔여이익(C): ₩350,000 − (₩1,500,000 × 16%) = ₩110,000

[9–7] ①

- 투자수익률

  ROI(A): ₩400/₩2,000 = 20%

  ROI(A): ₩720/₩4,000 = 18%

- 잔여이익

  RI(A): ₩400 − (₩2,000 × 0.1) = ₩200

  RI(A): ₩720 − (₩4,000 × 0.1) = ₩320

[9–8] ③

이익 = ₩1,000,000 − ₩600,000 − ₩100,000 = ₩300,000

잔여이익 = ₩300,000 − ₩200,000 × 6% = ₩288,000

[9–9] ④

투자수익률 사용: 1,000단위 × (p − ₩100) − ₩200,000 = ₩500,000 × 20%

p = ₩400

잔여이익 사용: 1,000단위 × (p − ₩100) − ₩200,000 = ₩500,000 × 15%

p = ₩375

[9–10] ①

투자수익률 = 자산회전율 × 매출액영업이익률

매출액영업이익률 = 영업이익/매출액

갑 사업부: 4회 × ₩500,000/₩5,000,000 = 0.4

을 사업부: 5회 × ₩280,000/₩4,000,000 = 0.35

[9–11] ①

목표일치성에 부합하는 공급부서의 최소대체가격은 증분(변동)원가 + 기회원가이다. 효율적인 시장이 존재하는 경우 시장가격은 어느 경우에나 유일한 최적대체가격이 된다.

[9–12] ②

대안1의 공헌이익 = (외부판매가격-중간재 제조원가) × 외부판매량

대안1의 공헌이익 = (₩1,200 − ₩700) × 1,000단위 = ₩500,000

대안2의 공헌이익 = [(외부판매가격-중간재 제조원가) × 외부판매량] + [(B사업부 대체가격 − 중간제제조원가) × B사업부판매량]

대안2의 공헌이익 = [(₩1,400 − ₩700) × 600단위] + [(X − ₩700) × 400단위]

• 500,000원(대안1의 공헌이익) = [(₩1,400 − ₩700) × 600단위] + [(X − ₩700) × 400단위]

∴ X = ₩900

[9-13] ③

최소대체가격: 40 + 28 + 12 = ₩80

최대대체가격: ₩90

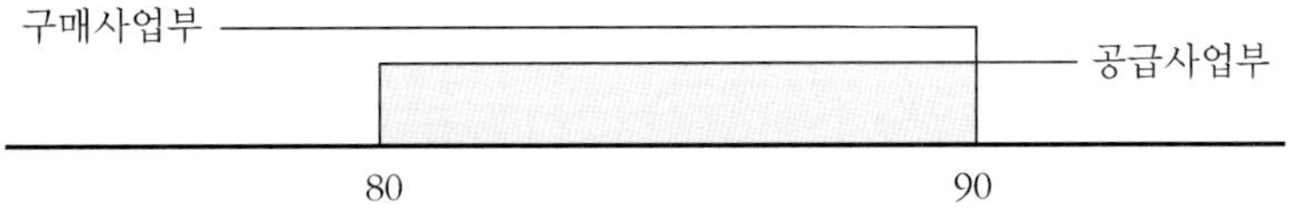

[9-14] ④

사업부는 현재 전부 외부시장에 판매하고 있으므로 대체에 따른 기회원가가 있다.

• 갑사업부: 증분원가(₩30 − 8) + 기회원가(₩45 − 30) = ₩37 이상

• 을사업부: 외부구입원가 ₩42 이하

따라서 대체가격의 범위는 ₩37 이상 ₩42 이하가 된다.

[9-15] ②

최소대체가격: ₩450 + (₩750 − ₩460) = ₩740

최대대체가격: ₩820

∴ 대체하지 않으면 (₩820 − ₩740) × 2,000 = ₩160,000 이익 감소

주관식

[9-1]

1.

	실제성과	변동예산차이	변동예산	매출조업도차이	고정예산
매출액	₩2,640,000	₩240,000유리	₩2,400,000		₩2,000,000
직접재료원가	576,000	96,000불리	480,000		400,000
직접노무원가	432,000	72,000불리	360,000		300,000
변동제조간접원가	226,000	46,000불리	180,000		150,000
변동판관비	264,000	24,000불리	240,000		200,000
공헌이익	₩1,142,000		₩1,140,000	₩190,000유리	₩950,000
고정제조간접원가	196,000	16,000불리	180,000		180,000
고정판관비	150,000	50,000불리	100,000		100,000
영업이익	₩ 796,000		₩ 860,000		₩ 670,000

2. 판매부서의 이익차이와 제조부서의 이익차이를 조정하면

판매부서의 이익차이 조정

매출가격차이	240,000유리
매출조업도차이	190,000유리
변동판관비차이	24,000불리
고정판관비차이	50,000불리

제조부서의 이익차이조정

직접재료원가차이	96,000불리
직접노무원가차이	72,000불리
변동제조간접원가차이	46,000불리
고정제조간접원가차이	16,000불리

[9-2]

1.

	과자	쵸코렛
BP (예산가격)	₩10	₩18
SC (표준변동원가)	6	12
AP (실제가격)	9.5	20
BM (예산매출배합)	2/3	1/3

	(AP − SC) × AQ	(BP − SC) × AQ	(BP − SC) × ΣAQ × BM	(BP − SC) × BQ
과자	(9.5 − 6) × 60,000개 = 210,000	(10 − 6) × 60,000개 = 240,000	(10 − 6) × 80,000개 × 2/3 ≑ 213,333	(10 − 6) × 50,000개 = 200,000
쵸코렛	(20 − 12) × 20,000개 = 160,000	(18 − 12) × 20,000개 = 120,000	(18 − 12) × 80,000개 × 1/3 = 160,000	(18 − 12) × 25,000개 = 150,000
합계	370,000	360,000	373,333	350,000

매출가격차이 ₩10,000유리   매출배합차이 ₩13,333불리   매출수량차이 ₩23,333유리

2\.

고정예산상의 순이익			= 실제 순이익
200,000	+ 매출가격차이	10,000유리	395,000
	− 매출배합차이	13,333불리	
	+ 매출수량차이	23,333유리	
	+ 변동원가차이	과자 160,000유리	
	+	쵸코렛 20,000유리	
	− 고정원가차이	5,000불리	

[9–3]

1\.

	AQ(AP − SV)	AQ(BP − SV)	BQ(BP − SV)
소보루빵	20,000 × ₩300* = ₩6,000,000	20,000 × ₩200 = ₩4,000,000	15,000 × ₩200 = ₩3,000,000
슈크림빵	4,000 × 50** = 200,000	4,000 × 100 = 4,400,000	5,000 × 100 = ₩4,500,000
	₩6,200,000	₩4,400,000	₩3,500,000

매출가격차이 ₩1,800,000F   매출조업도차이 ₩900,000F

매출총차이 ₩2,700,000F

* ₩600(AP) − ₩300(SV) = ₩300

** ₩250(AP) − ₩200(SV) = 50

2\.

실제규모 × 실제점유율 × BACM	실제규모 × 예산점유율 × BACM	예산규모 × 예산점유율 × BACM
150,000 × 0.16* × ₩175** = ₩4,200,000	150,000 × 0.2 × ₩175 = ₩5,250,000	100,000 × 0.2 × ₩175 = ₩3,500,000

시장점유율차이 ₩1,050,000U   시장규모차이 ₩1,750,000F

매출수량차이 ₩700,000F

* 실제시장점유율 : $\frac{24,000}{150,000} = 0.16$

** ₩200 × 0.75 + ₩100 × 0.25 = ₩175

※ 실제점유율이란 실제시장규모에서 특정기업의 실제판매량이 차지하는 비율이며, 예산점유율이란 예산시장규모에서 특정기업의 예산판매량이 차지하는 비율을 말한다.

[9-4]

1. 매출가격차이와 매출조업도 차이

	실제성과상 매출액	변동예산상 매출액
갑	950×₩100=₩95,000	950×₩120=₩114,000
을	250×₩ 90= 22,500	250× 80= 20,000
계	₩117,500	₩134,000

매출가격차이 16,500(불리)

2. 매출배합차이와 매출수량차이

	변동예산상의 공헌이익 실제판매량, 실제배합, 예산공헌이익	실제판매량, 예산배합, 예상공헌이익	고정예산상의 공헌이익 예산판매량, 예산배합, 예산공헌이익
갑	950×₩50=₩47,500	840*×₩50=₩42,000	700×₩50=₩35,000
을	250× 30= 7,500	360*× 30= 10,800	300× 30= 9,000
계	1200개 ₩55,000	1200개 ₩52,800	₩44,000

매출배합차이 2,200유리 매출수량차이 8,800(유리)

매출조업도차이 11,000(유리)

* 갑 : 1,200개(실제판매량 계) * 0.7(예산배합비율)
을 : 1,200개 * 0.3

3. 시장점유율차이와 시장규모차이

실제시장규모×실제시장점유율 ×가중평균예상공헌이익	실제시장규모*×예산시장점유율 ×가중평균예산공헌이익	예산시장규모×예산시장점유율 ×가중평균예산공헌이익
1,200×₩44=₩52,800	1,375×₩44=₩60,500	1,000×₩44=₩44,000

시장점유율차이 7,700(불리) 시장규모차이 16,500(유리)

* 6,875×0.2=1,375

[9–5]

1. (1) 판매가격차이

A	600×(₩ 95−₩60)=₩21,000	600×(₩100−₩60)=₩24,000
B	300×(₩160−₩90)=₩21,000	300×(₩150−₩90)=₩18,000
	₩42,000	₩42,000

판매가격차이 ₩0

(2) 매출조업도차이

A	600×₩40=₩24,000	500×₩40=₩20,000
B	300×₩60=₩18,000	500×₩60=₩30,000
	₩42,000	₩50,000

매출조업도차이 ₩8,000U

2.

	실제수량×실제배합	실제수량×예산배합	예산수량×예산배합
A	600×₩40=₩24,000	450×₩40=₩18,000	500×₩40=₩20,000
B	300×₩60=₩18,000	450×₩60=₩27,000	500×₩60=₩30,000
	₩42,000	₩45,000	₩50,000

매출배합차이 ₩3,000U 매출수량차이 ₩5,000U

3. 단위당 평균예산 공헌이익=(500×₩40+500×₩60)/(500+500)=₩50

실제규모×실제점유율	실제규모×예산점유율	예산규모×예산점유율
900×50=₩45,000	6,000×10%×50=₩30,000	10,000×10%×50=₩50,000

시장점유율차이 ₩15,000F 시장규모차이 ₩20,000U

[9–6]

1. 투자중심점의 성과평가

(1) 투자수익률(ROI)

	영업이익	영업자산	ROI
TV사업부	₩800,000	₩4,000,000	20%
냉장고사업부	1,440,000	6,000,000	24
오디오사업부	60,000	800,000	7.5

(2) 잔여이익(RI)

	영업이익	영업자산×최저필수수익률	RI
TV사업부	₩800,000	₩600,000	₩200,000

냉장고사업부	1,440,000	900,000	540,000
오디오사업부	60,000	120,000	(60,000)

2. 냉장고사업부의 투자안 채택여부

(1) 투자수익률(ROI)

• 현재의 ROI = 24%

• 투자후의 $\text{ROI} = \dfrac{₩1,440,000 + ₩500,000}{₩6,000,000 + ₩2,000,000} = 24.25\%$

∴ 냉장고사업부가 신규투자안을 채택할 경우 투자수익률(ROI)이 현재의 24%에서 24.25%로 높아진다. 따라서, 냉장고사업부는 신규투자안을 채택해야 한다.

(2) 잔여이익(RI)

• 현재의 RI = ₩540,000

• 투자후의 RI = (₩1,440,000 + ₩500,000) − (₩6,000,000 + ₩2,000,000) × 15%
= ₩740,000

∴ 신규투자안의 잔여이익(RI)이 ₩200,000*이므로 투자안을 채택하게 되면 투자후의 잔여이익(RI)은 현재의 잔여이익(RI)보다 커지게 된다. 따라서, 냉장고사업부는 투자안을 채택해야 한다.

* 투자안의 RI = ₩500,000 − (₩2,000,000 × 15%) = ₩200,000

※ 이 문제에서는 투자수익률(ROI)기준이나 잔여이익(RI)기준이나 모두 신규투자안을 채택하는 것이 유리한 것으로 나타났지만 항상 두가지 기준의 결론이 동일하게 나타나는 것은 아니다.

[9–7]

1. 구하는 단위당 판매가격을 x라 하면,

$\underbrace{400,000 \times x}_{\text{매출액}} = \underbrace{400,000 \times 10}_{\text{변동원가}} + \underbrace{450,000}_{\text{고정원가}} + \underbrace{2,000,000 \times 27.5\%}_{\text{이익}}$

∴ x = ₩12.5

2. $\text{자산회전율} = \dfrac{\text{매출액}}{\text{자산}} = \dfrac{400,000 \times ₩12.5}{₩2,000,000} = 2.5\text{회}$

$\text{매출액이익률} = \dfrac{\text{이익}}{\text{매출액}} = \dfrac{₩2,000,000 \times 27.5\%}{400,000 \times ₩12.5} = 11\%$

3. 연간 판매량이 300,000개일 때의 이익을 I라 하면,

$\underbrace{300,000 \times 12.5}_{\text{매출액}} = \underbrace{300,000 \times 10}_{\text{변동원가}} + \underbrace{450,000}_{\text{고정원가}} + \underbrace{I}_{\text{이익}}$

∴ I = ₩300,000

$$\therefore \text{ 기대투자수익률} = \frac{₩300,000}{₩2,000,000} = 15\%\text{이다.}$$

[9–8]

1. 투자중심점의 성과평가 — 순위결정

(1) 투자수익률(ROI) = 영업이익 ÷ 평균투자액

사업부	영업이익	평균투자액	ROI(%)	순위
감사부	30억	40억	75%	2
조세부	4억	20억	20	3
컨설팅부	8억	10억	80	1
국제부	0.4억	4억	10	4

(2) 잔여이익(RI) = 영업이익 − 부가이자

사업부	영업이익	부가이자	RI(금액)	순위
감사부	30억	40억×0.12	25.2억	1
조세부	4억	20억×0.12	1.6억	3
컨설팅부	8억	10억×0.12	6.8억	2
국제부	0.4억	4억×0.12	−0.08억	4

2. 잔여이익법

최저필수수익률(자본비용, cost of capital)이 변화함에 따라 자본비용액(부가이자, capital charges)이 바뀌게 되므로 우선순위도 다르게 된다.

	영업이익	75%인 경우		
사업부	(불변)	부가이자	RI	순 위
감사부	30억	30억	−	2
조세부	4억	15억	−11억	4
컨설팅부	8억	7.5억	0.5억	1
국제부	0.4억	3억	−2.6억	3

3. 투자안의 채택 여부

1) 투자수익률(ROI)

	현상태	투자안	투자안	
영업이익	8억	8억	16억	결론
평균투자액	10억	20억	30억	
ROI	80%	40%	53.3%	투자안기각

2) 잔여이익(RI) :

	현상태	투자안	투자후	결론
영업이익	8억	8억	16억	
자본비용액				
(투자액×12%)	(1.2억)	(2.4억)	(3.6억)	
잔여이익	6.8억	5.6억	12.4억	투자안선택

[9–9]

1. 투자수익률(ROI)

$$\text{TV사업부} = \frac{₩60,000}{₩1,200,000} \times \frac{₩1,200,000}{₩300,000} = 5\% \times 4\text{회} = 20\%$$

$$\text{냉장고사업부} = \frac{₩56,000}{₩1,400,000} \times \frac{₩1,400,000}{₩700,000} = 4\% \times 2\text{회} = 8\%$$

$$\text{에어컨사업부} = \frac{₩80,000}{₩2,500,000} \times \frac{₩2,500,000}{₩500,000} = 3.2\% \times 5\text{회} = 16\%$$

2. 잔여이익(RI)

TV사업부 = ₩60,000 − ₩300,000 × 14% = ₩18,000

냉장고사업부 = ₩56,000 − ₩700,000 × 10% = (₩14,000)

에어컨사업부 = ₩80,000 − ₩500,000 × 16% = ₩0

3. 신규투자안의 채택여부

1) 투자수익률로 평가할 경우

냉장고사업부 만이 신규투자안의 수익률(15%)이 현재 냉장고사업부의 투자수익률(8%) 보다 높기 때문에 신규 투자안을 받아들임. TV사업부와 에어컨사업부는 신규투자안의 수익률이 현재 각 사업부의 투자수익률 보다 낮기 때문에 신규 투자안을 거절함.

2) 잔여이익으로 평가할 경우

TV사업부와 냉장고사업부는 신규투자안의 수익률이 각 사업부의 최저필수수익률 보다 높기 때문에 신규 투자안을 받아들이고, 에어컨 사업부의 경우 신규 투자안의 수익률이 사업부의 최저필수수익률 보다 낮기 때문에 신규 투자안을 거절함.

[9–10]

(1) 가중평균자본비용(WACC) 계산

WACC = [₩7,000,000 × 10% × (1 − 40%) + ₩7,000,000 × 14%]

÷ (₩7,000,000 + ₩7,000,000)

= 10%

(2) 경제적부가가치(EVA)

강남사업부: ₩250,000×(1－40%)－(₩2,000,000－₩500,000)×10%＝₩0

강북사업부: ₩2,000,000×(1－40%)－(₩10,000,000－₩3,000,000)×10%＝₩500,000

[9–11]

1) 최소대체가격＝단위당변동원가＋$\dfrac{\text{대체시 총공헌이익 손실액}}{\text{대체수량}}$

＝대체시의 단위당 증분비용＋대체시의 단위당 기회원가

＝₩16＋₩0＝₩16

펌프사업부는 외부에서 ₩29에 밸브를 구입할 수 있으므로 펌프사업부의 최대 대체가격은 ₩29라고 할 수 있다.

∴ ₩16≤대체가격≦₩29

2) 밸브사업부가 여유생산능력이 없다면 외부판매량을 줄여야 할 것이며 이에 따른 기회원가를 고려해야 한다.

최소대체가격≥₩16＋$\dfrac{(₩30-₩16)\times 10{,}000}{10{,}000}$＝₩16＋₩14＝₩30

(공급사업부입장)

최대대체가격≤29

(수요사업부입장)

∴ 대체가 일어나지 않음

3) 최소대체가격≥(₩16－₩3)＋$\dfrac{(₩30-₩16)\times 10{,}000}{10{,}000}$＝₩27

(공급사업부입장)

최대대체가격≤29

(수요사업부입장)

∴ 27≤대체가격≤29

[9–12]

1) 유휴생산설비가 없는 경우 이전가격

최소대체가격＝단위당 변동원가＋외부판매시 기회원가

최소대체가격＝(₩18－1)＋₩12＝₩29

2) 유휴생산설비가 있는 경우 이전가격

최소대체가격＝단위당 변동원가＝(₩18－1)＋0＝₩17

[9–13]

X사업부의 최소대체가격 = 단위당 변동원가 + 단위당 기회비용

= (₩150 − ₩40) + [{3,000*(₩250 − ₩150)}/5,000]

= ₩170

Y사업부의 최대대체가격 = Min(최종판매가격 − 추가가공원가, 외부구입가격)

= Min(₩500 − ₩230, ₩180)

= ₩180

∴ 대체가격의 범위 = ₩170 ~ ₩180

[9–14]

1) A사업부의 대체가격

− 첫째안의 공헌이익: (₩195 − ₩120) × 10,000개 = ₩750,000

− 둘째안의 공헌이익:

외부판매분의 공헌이익 = (₩200 − ₩120) × 8,000개 = ₩640,000

B사업부 대체분의 공헌이익 = (P − ₩120) × 2,000개 = 2,000P − ₩240,000

2,000P + ₩400,000

∴ 두 안을 같게 하는 대체가격: ₩750,000 = 2,000P + ₩400,000

P = ₩175

2) B사업부의 최대대체가격

Min(최종판매가격 − 추가가공원가, 외부구입가격) = (₩300 − ₩150, −) = ₩150

∴ A사업부의 대체가격(₩175)이 B사업부의 최대대체가격(₩150) 보다 높기 때문에 이 전거래는 성립되지 않는다.

[9–15]

엔진생산부문의 최소내부대체가격 = 엔진생산부문의 변동원가 = ₩50

비행기생산부문의 최대내부대체가격

= Min(외부 구입가격 + 단위당 추가원가, 최종판매가격 − 추가가공원가)

= Min(₩90 + ₩5*, ₩200 − ₩120) = ₩80

* 외부구입시 추가되는 단위당 고정원가 = ₩100,000 / 20,000단위

∴ 사내대체가격 범위는 ₩50 ~ ₩80 사이

제10장

전략적 원가관리

객관식

[10-1] ②

(가) 품질원가는 설계품질과 적합품질 모두에 관련된 것으로 적합품질은 설계품질을 제품화한 것으로 실제로 제조된 품질을 말하며, 제조품질이라고도 한다.

(바) 품질관리계획수립원가, 품질관리기술개발원가, 품질개선을 위한 토의원가 등은 예방원가에 해당한다.

[10-2] ③

제약이론에서는 운영원가를 단기적으로 변화시킬 수 없는 고정원가로 본다.

[10-3] ②

제조이전단계 → 제조단계

[10-4] ①

전사적인 BSC는 상부조직의 BSC를 먼저 수립한 후 상의하달식으로 구축한다.

[10-5] ①

예방원가 → 평가원가

[10-6] ③

ㄴ. 목표원가계산은 생산이전단계 적용하는 경우 효과가 가장 크게 나타난다.

ㄷ. 카이젠원가계산에서는 프로세스를 개선시키는데 가장 크게 공헌할 수 있는 조직구성원은 경영자와 생산작업자라고 가정한다.

[10-7] ④

균형성과표는 성과지표를 결정하는 과정에서 전략을 구체화하고 의사소통이 이루어지도록 도와준다.

[10-8] ④

균형성과표는 재무적 측정치와 비재무적 측정치의 균형을 이루어야 한다.

[10-9] ⑤

제품수명주기원가 → 목표원가

[10-10] ①

비재무적 측정치는 선행지표, 재무적 측정치는 후행지표가 된다.

[10-11] ②

현대 제조환경은 직접노동 투입량이 감소하고, 상대적으로 제조간접원가 비중이 커지고 제조간접원가 원가동인이 다양화됨에 따라 원가왜곡이 발생하였다. 이에 정확한 원가계산을 위해 활동기준원가계산제도가 개발되었다.

[10-12] ③

제품 성능뿐만 아니라 생산작업의 용이성을 동시에 고려하여 설계한다.

[10-13] ④

수명주기원가계산은 원가간의 상호관련성이 강조되므로 원가의 인과관계에 기인한 변화를 전통적인 포괄손익계산서보다 더 잘 나타낸다.

[10-14] ③

(마) 균형성과표의 실행비용은 높다.

[10-15] ②

예방원가(prevention costs)란 제품이나 서비스가 품질표준에 미달하지 않도록 하는데 소요되는 원가이며, 일반적으로 예방원가가 많이 소요될수록 불량품의 발생가능성은 낮아지게 된다. 예방원가에는 품질관리시스템의 계획, 시행 및 유지원가 등이 포함된다. 제품검사는 평가원가이다.

주관식

[10-1] ₩20,000

(1) 예방원가

활 동	금 액
품질교육	₩5,000
설계엔지니어링	10,000
공급업체평가	5,000
합 계	₩20,000

(2) 평가원가

활 동	금 액
제품검사설비 보수	₩25,000
제품시험	10,000
입고재료검사	5,000
합 계	₩40,000

(3) 내부실패원가

활 동	금 액
작업폐물	₩35,000
재작업	12,500
작업중단 복구	2,500
합 계	₩50,000

(4) 외부실패원가

활 동	금 액
고객지원	₩4,000
반품제품원가	6,000
보증수리	50,000
합 계	₩60,000

[10-2] ₩35,000

	항목	금액
품질예방원가	설계엔지니어링, 품질훈련교육, 품질 엔지니어링	₩47,000
평가원가	품질검사, 제품시험	₩35,000
내부실패원가	공손품, 재작업품	₩38,000
외부실패원가	운송비, 손해배상, 재수리보장비용	₩45,000

[10-3]

1. 내부실패원가는 ₩20,000
2. 예방원가는 ₩40,000
3. 외부실패원가는 ₩340,000
4. 평가원가는 ₩50,000
5. 실패원가 대비 통제원가 비율 ₩90,000/₩360,000 = 25%

[10-4]

1. 회사의 균형성과표는 "고품질과 낮은 원가"라는 전략목표에 대해 다음 물음에서 설명하는) 일부를 제외하고는 잘 조화를 이루고 있다. 학습과 성장관점 및 내부업무과정 개선에서는 목표를 달성하였으나, 고객관점에서의 시장점유율과 재무관점에서의 영업이익에서 목표를 달성하고 있지 못하므로 성공적이라고 할 수 없다.

2. 회사의 균형성과표는 시장점유율 미달사유(저품질, 고가, 열악한 고객서비스, 부적절한 제품공급, 부적절한 유통경로, 경쟁업에의 공격적인 마케팅 등)를 이해하는 데 도움이 되지 못한다. 따라서 여기에 적절한 성과지표, 예를 들면 제품 특성, 품질, 가격, 서비스 및 고객의 접근용이성 등에 관한 고객만족 성과지표를 균형성과표에 포함시켜야 한다. 또 그 지표들은 경쟁 제품에 비해 회사 제품이 얼마나 우위에 있는지를 설명할 수 있어야 한다. 이것은 회사 전략의 성공적인 수행에 매우 중요한 지표가 될 것이다.

3. 회사는 종업원 만족과 신제품 개발에 관한 성과지표를 균형성과표에 포함시켜야 한다. 현재의 성과지표는 공정개선에만 초점을 맞추고 있으며 사람과 혁신에는 초점을 맞추고 있지 않다. 회사는 종업원 교육을 통한 능력향상이 전략수행에 중요한 것으로 생각하고 있으므로 이에 관한 성과지표를 균형성과표에 포함시켜야 한다. 신제품 개발에 관한 성과지표도 중요하다. 원가 중 고정원가의 비중이 커서 불량품을 줄여도 원가가 크게 줄어들지 않으므로 대신 설비가동률을 높여야 한다. 회사가 설비로부터 가치를 얻는 방법이 매우 중요한데, 그 중 중요한 하나는 설비가동률을 높여 신제품을 개발 판매하는 것이다. 단순히 품질 향상만 기한다면 재무성과가 더 악화될 수도 있다.

4. 품질향상과 설비감축을 동시에 실시하는 것은 어렵다. 회사는 고정원가의 비중이 커서 품질향상이 곧 원가절감을 가져오는 것이 아니므로, 원가절감을 위해서는 설비를 감축하여야 하며, 이 때 동시에 종업원들을 해고해야 한다. 그러나 품질향상 수단이 종업원의 교육으로 통한 능력 향상인데, 상당수의 종업원을 해고하고 남은 종업원들에게 장래의 품질향상을 위해 열심히 노력해 달라고 요구하기는 어렵다. 따라서 회사는 먼저 생산가동률을 높이는데 힘을 기울이고, 그것이 불가능하다고 판단된다면 설비를 감축하되, 자발적인 명예퇴직 등을 통해 종업원의 사기를 해치지 않도록 해야 한다.

[10-5]

1. 활동별 부가가치원가 및 비부가가치원가

－활동별 부가가치원가

재료구매	500회×₩300 =	₩150,000
수선유지	3,000시간×150 =	450,000
작업준비	1,200시간×200 =	240,000
부품검사	2,000시간×250 =	500,000
부가가치원가 합계		₩1,340,000

－활동별 비부가가치원가

재료구매	(800회－500회)×₩300 =	₩90,000
수선유지	(3,500시간－3,000시간)×150 =	75,000
작업준비	(1,500시간－1,200시간)×200 =	60,000
부품검사	(2,300시간－2,000시간)×250 =	75,000
비부가가치원가 합계		₩300,000

－원가보고서

활 동	부가가치원가	비부가가치원가	실제원가
재료구매	₩150,000	₩90,000	₩240,000
수선유지	450,000	75,000	525,000
작업준비	240,000	60,000	300,000
부품검사	500,000	75,000	575,000
합 계	₩1,340,000	₩300,000	₩1,640,000

2. 비부가가치활동에 대한 활동감축은 활동의 수요를 완전히 제거하는 최종목표를 가지고 이들 활동의 수요를 줄이는 데 도움을 줄 수 있다. 부가가치활동에 대한 활동감축은 비부가가치 구성요소를 제거하기 위하여 사용된다.

[10-6]

1. 부가가치원가와 비부가가치원가

1) 부가가치원가

	제품 A	제품 B
작업준비활동	6,000×0.5시간×₩100 =₩300,000	9,000×0.5시간×₩100 =₩450,000
부품검사활동	6,000×0.3시간×₩150 =₩270,000	9,000×0.3시간×₩150 =₩405,000

2) 비부가가치원가

－활동별 실제취득 활동수량

	제품 A	제품 B
작업준비활동	$\frac{6,000}{200}$×150시간＝4,500시간	$\frac{9,000}{300}$×200시간＝6,000시간
부품검사활동	6,000×0.5시간＝3,000시간	9,000×0.5시간＝4,500시간

－비부가가치원가

	제품 A	제품 B
작업준비활동	(4,500－3,000시간)×₩100 ＝₩150,000	(6,000－4,500시간)×₩100 ＝₩150,000
부품검사활동	(3,000－1,800시간)×₩150 ＝₩180,000	(4,500－2,700시간)×₩150 ＝₩270,000

[10-7]

활 동	부가가치 표준수량(A)	실제사용량 (B)	표준원가 (C)	부가가치원가 A×C	비부가가치원가 (B－A)×C	실제원가 B×C
재료투입	15,000	18,000	₩1,500	₩22,500,000	₩4,500,000	₩27,000,000
인력투입	25,000	30,000	1,200	30,000,000	6,000,000	36,000,000
동력사용	10,000	12,000	500	5,000,000	1,000,000	6,000,000
생산준비	－	50	5,000	－	250,000	250,000
원재료주문	－	30	2,000	－	60,000	60,000
합 계				₩57,500,000	₩11,810,000	₩69,310,000

[10-8]

1. 품질원가 집계

1) 예방원가

설계원가	₩160,000
예방유지원가	45,000
종업원훈련원가	240,000
합 계	₩445,000

2) 평가원가

검사장비보수원가	₩100,000
구입재료검사원가	80,000
제품검사원가	90,000
합 계	₩270,000

3) 내부실패원가

재작업원가	₩250,000
기계고장정비원가	70,000
합 계	₩320,000

4) 외부실패원가

반품원가	₩50,000
소비자불만처리비	40,000
제품보증원가	400,000
보증수선비용	500,000
합 계	₩ 990,000
총 합 계	₩2,025,000

2.

		매출액 대비 비율
예 방 원 가	: ₩445,000 ÷ ₩30,000,000 =	1.48%
평 가 원 가	: ₩270,000 ÷ ₩30,000,000 =	0.9 %
내부실패원가	: ₩320,000 ÷ ₩30,000,000 =	1.07%
외부실패원가	: ₩990,000 ÷ ₩30,000,000 =	3.3 %
총 합 계	: ₩2,025,000 ÷ ₩30,000,000 =	6.75%

3. 스마트(주)의 스포츠카 V3의 품질원가에서 크게 문제되어 보이는 점은 없다. 그러나 외부실패원가가 다소 높게 발생하고 있다. 따라서 스마트(주)는 외부실패원가의 발생을 감소시킬 수 있는 방안을 마련해야 할 것이다. V3의 품질원가는 외부실패원가 → 예방원가 → 내부실패원가 → 평가원가 순으로 많이 발생하고 있으나 보다 바람직한 분포는 예방원가 → 평가원가 → 내부실패원가 → 외부실패원가의 순으로 많이 발생하는 것이라 한다.

[10-9]

1.

	예방원가	평가원가	내부실패원가	외부실패원가
①		1,000		
②				3,200
③	1,500			
④			1,800	
⑤				4,400
⑥		1,400		

⑦			1,900	
⑧	1,600			
⑨	1,300			
⑩		1,000		
⑪				3,500
⑫			2,100	
⑬	1,100			
⑭		1,700		
계	₩5,500	₩5,100	₩5,800	₩11,100

2. (1) 매출액에 대한 비율

예방원가	평가원가	내부실패원가	외부실패원가
$\frac{5,500}{500,000}=1.1\%$	$\frac{5,100}{500,000}=1.02\%$	$\frac{5,800}{500,000}=1.16\%$	$\frac{11,100}{500,000}=2.22\%$

(2) 스마트(주)는 사전품질원가(예방원가와 평가원가)의 비율이 낮다. 그 결과 사후품질원가(내부실패원가와 외부실패원가)가 많이 발생하였다. 특히 외부실패원가가 많이 발생하였다. 사후품질원가는 사전품질원가에 비하여 기업에 미치는 재무적·비재무적 영향이 크므로 사후품질원가를 낮추기 위하여 사전품질 관리활동을 강화하는 것이 바람직하다.

[10-10]

1) 영업이익

	20×5년	20×6년
매출액(5,000×₩3,000; 5,500×₩3,600)	₩15,000,000	₩19,800,000
비 용		
직접재료원가(25,000×₩200; 30,000×₩210)	5,000,000	6,300,000
가공원가 (6,000×₩600; 5,800×₩660)	3,600,000	3,828,000
판매관리비(3,000×₩700; 2,700×₩650)	2,100,000	1,755,000
제품디자인 비용(15×₩100,000; 18×₩110,000)	1,500,000	1,980,000
총 비 용	₩12,200,000	₩13,863,000
영업이익	₩ 2,800,000	₩ 5,937,000

₩3,137,000 F

2) 전략적인 영업이익 분석

① 성장효과

수익성장효과 = (20×6년 판매량 − 20×5년 판매량) × 20×5년 판매가격
= (5,500 − 5,000) × ₩3,000 = ₩1,500,000 F

비용성장효과

비용성장효과 = (생산성중립수량 − 20×5년의 실제투입량) × 20×5년 투입가격

직접재료원가 성장효과 = $(25{,}000 \times \frac{5{,}500}{5{,}000} - 25{,}000)$ × ₩200 = ₩500,000 U

가공원가 성장효과 = (6,000 − 6,000) × ₩200	=	0
판매관리비 성장효과 = (3,000 − 3,000) × ₩700	=	0
제품디자인비용 = (15명 − 15명) × ₩100,000	=	0
비용성장효과		₩500,000 U

성장효과

수익성장효과	₩1,500,000 F
비용성장효과	500,000 U
성장효과	₩1,000,000 F

② 가격보상효과

수익가격보상효과 = (20×6년 판매가격 − 20×5년 판매가격) × 20×6년 판매량
= (₩3,600 − ₩3,000) × 5,500 = ₩3,300,000 F

비용가격보상효과

비용의 가격보상효과 = (20×6년 투입물가격 − 20×5년 투입물가격) × 생산성 중립수량

직접재료원가 가격보상효과 = (₩210 − ₩200) × 27,500	=	₩275,000 U
가공원가 가격보상효과 = (₩660 − ₩600) × 6,000	=	360,000 U
판매관리비 = (₩650 − ₩700) × 3,000	=	150,000 F
제품디자인비용(₩110,000 − ₩100,000) × 15명	=	150,000 U
비용가격보상효과		₩635,000 U

가격보상효과

수익가격보상효과	₩3,300,000 F
비용가격보상효과	635,000 U
가격보상효과	₩2,665,000 F

③ 생산성효과

생산성효과 = (20×6년의 실제투입량 − 생산성중립수량) ×	20×6년 투입가격

직접재료원가 생산성효과=(30,000−27,500)×₩210	=	₩525,000	U
가공원가 생산성효과=(5,800−6,000)×₩660	=	132,000	F
판매관리비 생산성효과=(2,700−3,000)×650	=	195,000	F
제품디자인비용 생산성효과=(18−15)×₩110,000	=	330,000	U
생산성효과		₩528,000	U

영업이익의 전략적 분석

성장효과	₩1,000,000	F
가격보상효과	2,665,000	F
생산성효과	528,000	U
영업이익 증감	₩3,137,000	F

공저자 약력

김 재 열
서강대학교 대학원 졸업(경영학 석사·박사)
현 건양대학교 경영학부 교수

〈주요 논문 및 저서〉
"과업상호의존성에 따른 비영리조직 부서관리자의 예산관련행동과 부서성과간의 관계"
"대학 교육서비스 품질측정과 학생인 고객만족도 제고에 관한 연구"
디지털시대의 경영관리기법

김 달 곤
서강대학교 대학원 졸업(경영학 석사·박사)
현 경상대학교 경영대학 교수

〈주요 논문 및 저서〉
"품질전략과 경영성과간의 관계에서 통제시스템의 매개효과"
"한·일기업의 예산 및 표준원가제도 운영실태 비교"

김 봉 기
서강대학교 대학원 졸업(경영학 석사·박사)
현 경인여자대학교 세무회계과 교수

〈주요 논문 및 저서〉
"신제품 개발전략과 성과평가유형이 신제품개발성과에 미치는 영향에 관한 연구"
"K연구원의 균형성과표 도입사례"

정 순 여
서강대학교 대학원 졸업(경영학 석사·박사)
현 제주대학교 회계학과 교수

〈주요 논문 및 저서〉
"품질비용 발생편차와 품질관리활동 그리고 성과간의 관계"
"성과주의 예산제도의 도입이 정부조직성과에 미치는 영향"

이 창 대
서강대학교 대학원 졸업(경영학 석사·박사)
현 목포대학교 경영학과 교수

〈주요 논문 및 저서〉
"성과평가 및 보상제도에서 비재무적 측정치의 활용에 관한 실증연구"
"금호타이어의 경영혁신활동－균형성과표와 6시그마를 중심으로"

김 상 우
서강대학교 대학원 경영학 박사
단국대학교 회계학과 외래교수
현 조세일보 재무교육원 원장

〈주요 논문 및 저서〉
"차별화 전략과 분권화 수준에 따른 성과측정지표의 활용도가 경영성과에 미치는 영향"
"AHP기법을 이용한 성과측정지표의 활용도에 대한 연구"
"사용자 중심의 스마트 원가회계"(공저)

박 경 원
서강대학교 대학원 졸업(경영학 박사)
현 군산대학교 회계학과 교수

〈주요 논문 및 저서〉
"경영전략, 성과측정시스템의 이용, 측정치의 다양성, 그리고 경영성과간의 관계"
"예산기반 보상에 있어서 예산목표와 변동성과급의 동기부여 효과"

이 상 완
서강대학교 대학원 졸업(경영학 박사)
현 동아대학교 경영학과 부교수

〈주요 논문 및 저서〉
"성과측정시스템의 이용과 조직성과간의 관계에서 성과측정지표의 다양성과 조직학습의 역할"
"공공기관의 BSC 운영기간과 조직성과간의 관계에서 PMS의 이용과 조직학습의 역할"

송 현 경
서강대학교 대학원 졸업(경영학 박사)
현 서강대학교 대우교수

〈주요 논문 및 저서〉
"제조부서의 관리회계시스템에 관한 연구: 상호의존성, 조직구조를 중심으로"
"최고경영자 교체에 따른 조직변화"

신 성 호
서강대학교 대학원 졸업(경영학 박사)
현 백석대학교 경상학부 조교수

〈주요 논문 및 저서〉
"경영전략과 예산시스템의 이용이 예산슬랙과 관리적 단기지향성에 미치는 영향"
"경영자의 단기지향성과 기업지배구조가 자본적 투자활동에 미치는 영향"

이 다 솜
서강대학교 대학원 졸업(경영학 박사)
현 강릉원주대학교 회계학과 조교수

〈주요 논문 및 저서〉
"조직정치가 성과측정지표의 다양성과 기업성과에 미치는 영향"
"The Role of Agility in the Relationship between Use of Management Control Systems and Organizational Performance: Evidence from Korea and Japan"

사용자 중심의
SMART 관리회계 [제4판 수정판] [해답집]

2025년 9월 1일 제4판 수정판 발행
2021년 2월 10일 제4판 발행
2019년 8월 30일 제3판 발행
2015년 3월 2일 제2판 발행
2012년 8월 10일 초 판 발행

저 자 서강관리회계연구회
발행인 이 구 만
발행처 유원북스
04091 서울특별시 마포구 토정로 222,
한국출판콘텐츠센터 416호
전화 (02)593-1800 FAX (02)593-1801
등록 2011. 9. 6. 제25100-2012-3호
www.uwonbooks.com uwbooks@daum.net

정 가 8,000원 ISBN 979-11-6288-128-6